KB010798

Theodor Fontane

Mathilde Möhring

마틸데 뫼링

1판 1쇄 발행 2022년 3월 10일

지은이 | 테오도어 폰타네
옮긴이 | 진일상
발행인 | 신현부

발행처 | 부북스
주소 | 04613 서울시 중구 다산로29길 52—15[신당동], 301호
전화 | 02-2235-6041
팩스 | 02-2253-6042
이메일 | boobooks@naver.com

ISBN 979-11-91758-08-5
978-89-93785-07-4 [세트]

부클래식

092

마틸데 뫼링

테오도어 폰타네

진일상 옮김

차례

마틸데 뫼링 • 7

테오도어 폰타네의 《마틸데 뫼링》 • 175
-진일상

- 원문
Theodor Fontane, *Mathilde Möhring*. Herausgegeben, kommentiert und mit einem Nachwort versehen von Gabriele Radecke, Ditzingen 2019. (Philipp Reclam jun.)

1장

뫼링네는 프리드리히가(街)[1]에 바싹 붙은 게오르게가(街) 19번지에 살고 있었다. 집주인인 재정고문관[2] 슐체 씨는 제국건설 시기[3]에 300탈러를 투기해서 2년 만에 크게 재산을 불린 사람이었다. 지금도 자신이 일했던 관청을 지날 때마다, 그는 항상 위를 올려다보고 웃으며 "좋은 아침입니다, 각하."라고 인사했다. 맙소사, 각하라니. 만약 그 각하[4]가 좌천된다면, 온 세상 사람들이 아직도 그가 좌천되지 않았냐고 놀랄 것이다. 그렇다면 슐체는 자신이 습관처럼 쓰는 말

---

1 베를린 중심지 미테 구와 크로이츠베르크 지역 사이에 있는 번화가.

2 국가의 재정 부분에서 오랫동안 재직한 관리에게 붙이는 호칭.

3 1871년 5월부터 1873년 5월 빈 증시 폭락까지의 기간으로, 프랑스와의 전쟁에서 승리한 독일제국에 전쟁배상금이 들어오면서 엄청난 경제적인 붐이 일어났다.

4 프로이센의 장관에게 붙이는 호칭, 여기서는 재정부 장관.

그대로, 개뿔, 잘 해봐야 단치히[5] 시장을 상대하고 있는 것이다. 그에 비해 슐체의 상황은 훨씬 더 좋았다. 그에겐 집 다섯 채가 있었는데 게오르게가의 집은 전면에 금박을 한 작은 철제 발코니가 있는, 호화저택에 가까웠다. 없는 게 있다면, 지하실과 지하층의 방들[6]인데, 그 대신에 작은 가게들과 식료품 가게, 이발소, 안경원, 우산 가게가 거리와 같은 높이에 자리하고 있었다. 그 덕분에 위층의 주인집은 1층과 2층 사이, 중간층의 성격을 갖게 되었다. 베를린의 많은 신축이 그러했다. 이 집은 1층과 2층의 중간층인가, 아니면 한 층이 더 높은 것인가. 슐체의 명함에는 게오르게가 19. I.이라고 쓰여 있었다. 이 주소는 뫼링네를 제외한 모든 이들에게 적용될 수 있다. 이 사안이 어떻게 결정되는지에 따라 뫼링네는 3층 또는 4층에 사는 거고, 이것은 그들에게 사회적인 의미 외에도 분명 실질적인 의미가 있었다.

뫼링네는 어머니와 딸, 두 사람이었다. 아버지는 의류 수출회사의 경리였고, 세상을 떠난 지 7년이나 되었다. 그날은 마틸데의 견진성사 하루 전날인 부활절 토요일이었다. 뒤이어 목사님이 하신 말씀은 아직도 모녀의 기억에 남아 있다.

---

5 현재 러시아의 그단스크. 여기서는 변방 시골 도시를 의미.

6 당시 베를린에는 주택난으로 12만 명이 좁고 어둡고 낡은 지하층에서 거주하거나 가게를 갖고 있었다고 한다.

그리고 아버지 뫼링이 딸에게 남긴 마지막 말, "마틸데야, 정갈함을 유지해라."도 그들 마음속에 남아 있다. 이 말을 직접 들은 노이슈미트 목사는, 망자가 도덕적인 의미로 한 말이라는 견해였다. 돈, 재정고문관, 게다가 집주인이라는 자부심까지 가진 슐체 부부는 이 얘기를 듣고 이를 반박하면서 뫼링의 머릿속을 움직였을 의류 수출업에 그 말을 연관시켰다. 즉, 그것은 오랜 속담인 "옷이 날개다"라는 말을 달리 표현한 것이라고 말이다.

그 당시 뫼링네는 막 이사를 온 상태였고, 슐체는 나이 든, 그러니까 겨우 40대 중반인 뫼링의 죽음을 보는 것을 좋아하지 않았다. 관이 운구차에 실릴 때, 슐체는 창가에 서서 자신의 뒤에 서 있는 아내에게 말했다. "불운한 일이야. 이 사람들은 아무것도 가진 게 없어. 그제는 또 견진성사였지 않소. 에마, 앞으로 어떻게 될지 내가 말해주지. 이들은 방을 세 놓을 거야. 여기가 대학가이니까, 아마 대학생에게 세를 주겠지. 우리가 늦은 시간에 귀가할 때 그 대학생은 계단을 찾지 못하고 복도에 뻗어 있겠지. 지금 당신에게 부탁하는데, 그런 일이 생기더라도 놀라지 말고 소리도 지르지 말아요." 슐체가 이 말을 마칠 때 바깥에서 운구차가 출발했다.

이러한 슐체의 염려는 그대로 이루어졌고, 또 아니기도 했다. 여하간 미망인 뫼링은 세를 놓긴 했지만, 딸에게는 날

카로운 안목과 사람을 보는 눈이 있어서, 그들은 착실한 인상을 주는 사람들만을 받아들였다. 집 계약을 해지할 생각을 했던 슐체조차도 시간이 지나면서 이를 인정했고, 모녀에게 좋은 점수를 줄 기회를 놓치지 않았다. "생각해 보면 말이야, 양복점 경리였고, 그 안사람은 기껏해야 방앗간 집 딸일 텐데, 그렇다면 놀라운 일이야. 예의도 있고 겸손하고, 그리고 교육도 받았고. 작은 마틸데는 지금 아마 열일곱 살쯤 되었을 텐데, 항상 부지런하고, 예의 바르게 인사하지. 정말 교양 있는 소녀야."

그것도 벌써 6년 전 일이었고, 작은 마틸데는 이제 스물세 살의 제대로 된 마틸데가 되어있었다. 그런데 완전한 마틸데는 아니었는데, 그러기에 그녀는 너무 말랐고 피부는 창백했다. 그녀의 잿빛 금발도 마틸데라는 이름에 그다지 어울리지 않았다. 단지 신중함, 성실함, 실용적인 면은 그 이름에 걸맞았다. 슐체가 그녀를 '구미가 당기는 소녀'라고 부른 적이 있었다. 슐체에게 이 말은 여성성에 가장 가까운 표현으로, 마틸데를 그가 말하는 여성성에 비추어본다면 물론 맞는 말이겠지만, 그래도 어느 정도 과장된 것이었다. 마틸데는 자신의 평판에 신경을 썼고, "정갈하게"라는 말은 그녀에게 각인되었다. 그러나 구미가 당기는 것을 덥석 베어 물게 할 정도는 아니었다. 그녀는 깔끔하고 잘 차려입고 활기찬 인상을 주었지만, 매력이라곤 없었다. 때때로 그녀

스스로 이 사실을 알고 있는 듯했고, 그러면 영리함이나 훌륭함이 아닌, 자신의 매력에 대해 확실한 의심이 찾아왔다. 그런 위기의 순간에 잊을 수 없는 그 사건을 기억해내지 못했더라면, 그녀는 계속해서 이러한 감정을 키워나갔을 것이다. 그 일은 그녀의 열일곱 번째 생일날에 할렌제[7]에서 일어났다. 사람들은 그녀의 생일을 미혼인 이모와 함께 축하해주었다. 그녀는 볼링 대에서 조금 떨어져서 공이 핀을 몇 개나 맞히는지 계속 볼링장을 내려다보고 있었다. 그때 볼링을 하던 어떤 사람이 "저 여자의 옆얼굴은 깎아놓은 조각 같아."라고 말하는 것을 분명히 들을 수 있었다. 그 뒤로 이 말은 그녀의 뇌리에서 떠나지 않았다. 가슴 중간 부분에 금이 가 있는 낡은 전신거울 앞에 설 때면 그녀는 결국은 항상 옆으로 서서 자신의 옆얼굴을 보았고, 할렌제의 볼링 동호회 사람의 말이 맞음을 확인했다. 물론 그럴 만도 했다. 그녀는 정말로 깎아놓은 듯한 얼굴이었다. 그녀의 사진을 본다면 누구든 사랑에 빠질 수 있었겠지만, 그 고상한 옆얼굴이 전부였다. 얄팍한 입술, 숱이 적어 가라앉은 잿빛 머리칼, 너무나 작은 귀는 뭔가 빠진 듯 보였고, 전체에서 일체의 관능적인 매력을 앗아갔다. 무엇보다 물빛의 파란 눈은 매우 냉정해 보였다. 두 눈에는 광채가 있었지만 지루한 광

7 베를린 서쪽 그루네발트 지역의 호수.

채였고, 오래전에 사람들이 은의 시선[8]이라고 말했다면, 이 경우는 양철 시선이라 말할 수 있을 터였다. 그녀가 사랑하게 될 가능성은 크지 않았다. 옆얼굴을 다른 어떤 것보다 중요하게 생각하는 그 누군가가 나타나지 않는다면 말이다. 그래서 그녀는 교양 있는 문구를 가져와서 의도적으로 다음과 같이 말하길 좋아했다. "예술을 결정하는 것은 순수한 선이다."[9] 재정고문관 슐체는 처음에는 이 말에 현혹되었다. 그런데 재차 이 말을 들었을 때, 그 말의 의도를 간파하고 언짢아져서 "난 곡선이 더 좋아."라고 아내에게 말했다. 그 말에 아내의 기분이 좋아졌는데, 왜냐하면 그게 그녀가 가진 유일한 것이었기 때문이다.

2장

햇살이 비치고, 부드러운 공기가 흐르고 있었다. 게오르게 거리에 들어서면 여기저기에서 무성한 잎이 달린 나무들이

---

8 '가벼운 사시'의 비유. 사시는 묘한 매력을 주는 것으로 생각되었다. 대표적인 예는 모나리자.

9 고전주의 조형예술의 이상으로 꼽히는 선의 분명함과 순수함.

판자 울타리 위로 가지를 뻗고 있는 것이 보였고, 누구든 9월 초라고 짐작하지 않을 수 없었을 것이다. 여러 집, 아니 재정고문관 슐체의 집 앞에 '피디헨 가구 운송, 마우어가(街) 17'이 적힌 현수막을 단 대형 차량이 서 있지 않았더라면 말이다. 차량에는 여러 개의 침대 틀이 분해된 채 옆으로 비스듬히 기대어 서 있었고, 도로 가에는 식기들이 담긴 바구니가 있었다. 그 바구니에는 바로크 풍 액자를 한 그림이 기대어져 있었다. 이 그림에서 파우더를 뿌린 높은 가발과 풍성한 코르셋이 말해주는 것은, 화가가 자중해야 한다는 데 생각이 미치자 가장 중요한 부분을 그리기를 중단했고, 그 안에 숨겨진 본성을 마음껏 분출하도록 한 것 같았다. 한마디로, 때는 이사 시즌, 즉 9월 초가 아니라, 10월 초였다. 이사 철로 인해 게오르게 거리는 매우 복잡했다. 이런 차량이나 그림은 게오르게 거리에서 매일 볼 수 있는 게 아니었다. 그래서 사람들과 한 무더기의 아이들이 차량과 그림 주변을 둘러싸고 있었다.

흥미를 갖고 이 그림을 지켜보는 사람 중에 대략 스물여섯쯤 보이는 젊은이도 있었다. 그의 나이를 추정하기란 쉽지 않았는데, 이는 얼굴에서 드러나는 것과 검은 수염이 서로 불균형을 이루었기 때문이다. 얼굴은 청년이었는데, 수염은 그가 나이가 지긋한 남자임을 말해주었다. 그러나 그는 이제 겨우 스물여섯 살이니까 수염이 맞지 않는 것이었다.

그는 중키보다 약간 크고, 어깨가 넓었다. 체형과 수염으로 보아 그는 남자, 흔히 말해 잘생긴 남자라고 할 만했다. 그는 자신을 드러낼 만했다.

그림을 훑어보는 일을 마치자, 그는 자신이 원래 하려던 일을 다시 시작했다. 그는 도로 건너편의 집들을 훑기 시작했다, 말하자면 집을 찾는 중이었다. 행운이 그와 함께 한 것인지, 맞은편의 집으로 눈을 돌리자마자, 대문 앞에 붙어 있는 쪽지를 읽게 되었다. "3층 왼쪽 방 세놓음. 가구 딸린 우아한 방." 고개를 끄덕이면서 그는 스스로 "아마 난 이곳에 둥지를 틀 것 같아."[10]라고 말했다. 그러고는 곧장 길을 건너서 3층으로 올라갔다. 계단을 다 올라와서 그는 조금 언짢아졌는데, 왜냐하면 그것은 4층이었기 때문이다. 그는 초인종을 눌렀고, 그다지 오래 걸리지 않아 뫼링 부인이 문을 열었다.

"혹시 댁에?"

"방 때문에요? 네, 여기에요. 직접 보고 싶으시면……."

"네. 부탁드립니다."

그러자 뫼링 부인은 창문이 하나 있는 중간 방으로 들어갔다. 그 방은 오른쪽과 왼쪽으로 통하는 현관방으로 한 줄로 늘어선 책장과 그 위에 놓인 새장 외에는 아무것도 없었

---

10 〈마태복음〉 17, 4절에 따른 속담.

다. 지난여름에 방울새가 죽었고, 아직은 대체되지 않았다. 그 외에 두 개의 의자와 흰색 면 융단이 깔려 있었고, 창가에는 아랄리아와 작은 물뿌리개가 놓여 있었다. 모든 것이 가난해 보였지만, 깨끗했다. 뫼링 부인은 세놓을 방으로 통하는 오른쪽 문을 열었다. 여기서부터는 모든 것에 세심하게 신경 쓴 것이 보였다. 조금 사용한 듯한 빨간색 소파에는 머리 덮개[11]가 없었고, 명함을 담는 작은 그릇과 페어벨린의 대선제후[12] 그림, 검은색 나무 침대에는 비단 천으로 된 조각 이불이 덮여 있었다. 커다란 유리 쟁반 위의 유리 물병은 계속 달그락 소리를 냈다.

수염이 난 이 잘생긴 남자가 둘러보더니, 자신이 혐오하는 석판으로 찍어낸 유화나 소파 머리 부분에 커버가 없는 것을 보고, 곧 세 들 마음이 생겼다. 집주인이 자신을 위해 작은 편의를 봐준다는 전제하에. 저렴한 방세에는 이의를 제기할 수 없었다. 현관 문지기[13]와 열쇠 등 모든 것이 정해졌다. 그가 집 열쇠에 관해 물어볼 때 마틸데 뫼링이 현관에

11 앤티 머캐서, 머릿기름이 소파에 묻지 않도록 머리가 닿는 부분에 얹어 놓은 천이나 레이스.

12 브란덴부르크의 제후 프리드리히 빌헬름(1620-1688)이 1675년 스웨덴과의 페어벨린 전투에서 승리하고 강력한 세력으로 부상하게 된 역사적 소재를 그린 그림으로 당시 시민계급의 가정에 보편적으로 유행하고 있던 그림의 모티프.

13 밤 10시에 문을 잠그게 되어있다.

서 들어왔다. “제 딸이에요.”라고 뫼링 부인이 말했다. 마틸데와 잘생긴 남자는 서로 인사하고, 서로를 훑어보았다. 그녀는 꼼꼼히, 그는 대충.

“그다지 번거롭지 않다면, 간단한 식사는 할 수 있겠지요. 그러니까, 아침 식사 때, 차, 때로는 달걀 하나, 탄산수, 저는 탄산수와 그런 종류를 많이 마신답니다.”

물론 그 말을 들은 마틸데가 모든 것이 집에 있으며, 하나도 번거롭지 않다고 확언했다. 그런 것들은 당연히 포함되고, 집 안은 조용하고 점잖으며, 음악도 없다고. 건물 주인은 매우 호감 가는 사람으로, 피아노를 치는 사람을 들이지 않는다고 말했다.

“그건 마음에 드네요.” 수염을 한 남자는 웃으며 “그럼 오늘 중에 다시 와서 확답을 드리지요.”라고 말했다.

이 말을 하면서 그는 넓은 챙의 부드러운 펠트 모자를 다시 썼고, 모녀에게 작별 인사를 했다.

마틸데는 그를 문까지 배웅했다. 그녀가 되돌아왔을 때, 어머니는 평상시에 잘 앉지 않던 패브릭 소파에 앉아서 노란색 별들이 기워진 작은 비단 쿠션을 쓰다듬고 있었다.

“틸데, 어떻게 생각하니? 그 방은 방학 때부터 비어 있지 않았니? 이제 세입자를 찾을 때도 되었는데. 그 사람은 좀 더 생각하고 나서 확답을 주려고 하는구나. 이건 거절이 아니겠니? 그건 다시는 오지 않을 사람들이 하는 말이잖아.”

"그는 다시 와요."

"그래. 틸데야, 어떻게 그걸 아니? 그 사람은 곧바로 방을 빌릴 수 있었을 텐데."

"물론 그럴 수 있었겠죠. 그렇지만 저런 사람은 절대 그 자리에서 승낙하는 법이 없답니다. 계속 생각만 하지요. 다시 말해서, 그 사람은 생각하는 게 아니라, 단지 잠시 미루는 거예요. 곧장 네, 아니요, 를 말할 수 있는 사람은 그다지 많지 않아요. 그 사람은 더더구나 그렇지 못해요."

"맙소사, 틸데, 너는 마치 모든 것을 복음서처럼 말을 하지만, 정작 아무것도 모르지 않니."

"물론 전 모든 것을 알지는 못하지만, 많은 것을 알아요. 그리고, 제가 '어머니, 이러저러해요.'라고 말할 때는 정말 그런 거예요. 그는 다시 와요."

"그래. 얘야, 도대체 왜 다시 온다는 말이냐?"

"그는 게으르니까요. 의욕도 없고 나태하니까요."

"틸데, 그런 말은 하지 마라. 너는 입에 담아서는 안 될 말을 너무 많이 하는구나."

"네, 어머니, 왜 안 되죠?"

"그러면 네 평판이 안 좋아지니까."

"아이, 평판이라뇨. 제 평판은 아주 좋고 또 그래야만 해요. 전 술책을 훤히 알아요. 그걸 아니까 조심하는 거죠. 저는 심할 정도로 조심하고 있다고요. 아무도 절 어쩌지 못해요. 그건 말투인데, 음, 어머니, 그냥 내버려 두세요. 저는 그대로 할 거고, 기분이 좋아져요. 하지만 어떤 사람이 항상 경건하면서 나태하게 돌아다닌다는 걸 들으면, 저는 완전 기분이 나빠져요."

"완전 나빠진다. 또 그러는구나. 그래, 네가 하고 싶은 대로 말하렴. 나도 널 바꿀 수 없으니까. 넌 어렸을 때부터 고집이 셌지. 아버지도 말했었다. '그냥 둬요, 저 애는 괜찮아. 잘 헤쳐나갈 거야.' 그래, 그런 말을 했지. 그걸 진짜로 믿는다면. 그런데 그 사람이 왜 의욕이 없다는 게냐? 다시 올 거라고 네가 말한 그 사람 말이다. 왜 그 사람이 다시 온다는 거냐?"

"어머니는 아무것도 몰라요. 그 사람 눈을 못 보셨어요? 그리고 약간 곱슬곱슬하고 정돈된 검은 수염도요. 그런 사람에게는 어떤 일도 일어나지 않는다는 것 정도는 아셔야 해요. 제가 말씀드릴게요. 방이 그 사람 마음에 쏙 든 건 아니에요. 그렇다고 마음에 들지 않은 것도 아니고요. 방 구하는 일과 계단 오르내리는 일이 지겹고 힘들어서라도 그 사람은 이렇게 생각할 거예요, 맙소사, 이 집이나 저 집이나 마찬가지야. 조용하고 피아노도 없고, 그리고 색색의 조각보 이불도 그렇고……. 그 방을 세 들지 않을 이유는 없잖아. 제가 말씀드리는데요, 그 사람은 지금쯤 시간만 보내고 있을 거예요. 찾아 헤매고 다니는 것을 하기에 그는 너무 게을러요. 그는 이제 역 쪽으로 건너가서 그곳에서 소고기 완자, 아니면 그냥 야우어 소시지[14]를 먹고 쿨름바흐[15]를 마실 거예요. 그리고는 또 카페 바우어[16]로 가겠죠. 그것마저 불편하면, 왜냐하면 그 사람은 불편한 것을 좋아하지 않고, 그곳의 다른 사람들처럼 똑바로 앉아 있지도 못해요. 그러고 나서 그는 첼텐[17]으로 가서 커피를 마시고 사람들이 스카트[18]나 장기를 두는 것을 구경하고, 돈 많은 음식점 주인이 자신의 마차를 타고 지나가거나, 자신의 말에게 맥주를 주는 것을 보며 혼자 씩 웃겠지요. 그 일이 끝나면 어슬렁거리면서 티어가르텐[19]을 통과해서 쉬프바우어담[20]까지 와서, 다리를 건너 3층을 올라 세를 들 거예요. 제가 말한 대로 되지 않으면, 새장에 방울새를 들이지 않겠어요."

---

14 슐레지엔 지방의 소도시 야우어에서 먹는 소시지.

15 맥주 브랜드.

16 프리드리히가(街) 모퉁이에 있는 우아한 빈식 카페로, 다양한 신문을 갖추고 있었다.

17 18세기에 베를린 티어가르텐의 슈프레강을 따라 생겨난 천막 (독일어로 첼테Zelte)식 호프로 식사와 맥주를 마실 수 있는 음식점들.

18 카드놀이의 일종.

19 베를린의 옛 왕궁 사냥터, 현재 베를린 도심지의 공원.

20 베를린 미테 지역의 슈프레강 오른편 거리.

마틸데의 말이 맞았다. 그 수염 난 사람이 첼테에 있었는지는 단언할 수 없지만, 그가 5시와 6시 사이에 뫼링네에 와서 방을 계약했다는 것은 확실하다.

"제 물건은 아직 건너편 역에 있습니다. 여기 제 전표가 있어요. 사람을 보내서 짐을 가져오도록 말씀해 주실 수 있겠지요. 저는 친구를 방문해야 하고, 제가 돌아오면, 제 물건을 모두 볼 수 있기를 바랍니다."

뫼링 부인은 모두 약속했다. 그가 가고 나자, 마틸데는 "봤죠, 어머니. 누구 말이 맞는지? 그가 첼테에 있었다는 얘기도 듣게 될 거예요."라고 말했다.

제3장

그의 물건과 여행 가방 그리고 커다란 궤짝이 도착했다. 모녀는 궤짝을 창가까지 바싹 밀고, 여행용 가방은 세움대 위에 놓고 나서 현관 왼쪽에 있는 거실로 돌아갔다. 거실은 잘 정돈되어 있었고, 그다지 볼품없어 보이지도 않았다. 등 높은 소파 앞에는 장미 무늬 카펫이 깔려 있고, 중간에 금이 간 전신거울 옆에는 빨간색과 흰색 제라늄 화분이 화분

대에 놓여 있었다. 마호가니 장 위에는 마카르트[21]식으로 말린 꽃다발이 있고, 장 옆에는 진주를 엮어 만든 바구니가 매달려 있었다. 흰색 오븐이 반짝거렸고, 주석으로 된 문은 더 반짝였다. 오븐과 문 사이의 긴 벽을 따라 성치 못한 소파 맞은편에 긴 의자[22]가 놓여 있었다. 얼마 전에 하급 외교관리의 물건이 경매로 나왔을 때 이것을 마련하였는데, 이 집에서는 값나가는 것이 되었다. 그 옆 아주 작은 탁자 위에 추시계가 놓여 있는데, 이상하게도 그 소리가 크게 울렸다.

마틸데는 가르마를 똑바로 타기 위해 거울 앞에 섰다. 그녀의 머리칼은 몹시 가늘어서 줄줄이 갈라지는 경향이 있었기 때문이다. 뫼링 부인은 소파에 똑바로 앉아서 맞은편 벽을 쳐다보았다. 거기에는 백파이프를 부는 거리의 악사가 바위 위에 앉아, 소박하고 행복하게 세상을 바라보고 있었다. 마틸데는 거울로 어머니가 뻣뻣하고 곧게 앉아 있는 것을 보고, 돌아보지도 않고 "왜 또 딱딱한 소파에 앉아서 기대지 않으세요? 긴 의자는 뭐하게요?"라고 말했다.

"글쎄, 그러려고 있는 건 아니잖니?"

---

21 한스 마카르트 (1840-1884), 오스트리아의 네오 바로크 화가의 이름을 딴 화려한 꽃 장식.

22 누워서 쉴 수 있게 한쪽 끝에만 등받이가 있는 긴 의자, 프.) 셰즈 롱게 Chaise-Longue.

"당연히 그러라고 있는 거예요. 그런다고 돈이 드는 것도 아니고요. 어머니는 의자를 망가뜨리고 거기에 구멍이 날 거라고, 생각하겠죠. 돈을 모아서 그걸 어머니한테 사드릴 수 있어서 저는 기뻤다고요."

"그래, 그래, 틸데, 갸륵하구나."

"항상 등이 아프다고 계속 불평하시잖아요. 그런데도 거기에 앉지 않으려 하는군요. 그리고 어머니 말이 옳다고 해도요, 그건 망가지지 않아요. 또 어떻게 그렇게 되겠어요? 어머니는 50킬로도 안 되는데."

"아니다, 틸데, 아니야."

"그리고 그렇더라도, 약간 앉은 흔적이 있는 게 차라리 나아요. 마치 빌려다 놓은 물건처럼, 저기에 놓고 앉기를 무서워하는 것보다는요. 그리고 그렇게 심각한 것도 아니에요, 우리는 이제 수입도 있고 집세도 제때 내고 있어요. 그러니까 어머니가 편하지 않을 이유가 뭐 있어요? 사람들이 봤을 때도 쓰고 있는 것처럼 보이는 게 훨씬 나아요. 거울도 낡았고, 소파도 오래되었는데, 긴 의자만 새것이면 안 되죠. 그건 서로 어울리지도 않고, 앙상블[23]에 어긋나요."

"맙소사, 틸데, 그렇게 프랑스 말은 쓰지 마라. 나는 뭐가 뭔지 모르겠다. 나 때는 모든 게 이렇지 않았어. 내 아버

---

23 프랑스어, 조화.

지는 학교에 대해서는 알려고도 하지 않았어. 너도 알잖니? 보는 데마다 막혀버리네. 여기 명함을 보렴. 후고 그로스만. 그건 알겠다만, 지금 보니 그 사람 직위인지 뭔지가 쓰여 있는데 나는 모르겠다. 칸드 유르[24]가 무슨 뜻이냐?"

"그가 지원생이라는 뜻이에요."

"아, 그렇구나. 그렇다면 그 사람은 목사나 뭐 그런 것이겠구나."

"그건 아니고요. 그 사람은 단지 법관 지원생이에요. 그건 그 사람이 그냥 학업을 마쳤고, 국가고시를 남겨 두었다는 뜻이에요. 만약 시험에 합격했다면 그는 연수생이지요. 그러니까 그 사람은 학생과 연수생 중간이 되는 거겠죠."

"그 사람이 여기에 머물러야 할 텐데. 그가 있을 거라 믿니?"

"물론이죠."

"넌 항상 확신하는구나, 틸데. 그가 머무를 거라는 걸 어떻게 아니?"

"아이, 어머니, 항상 아무것도 못 보시는군요. 그 사람은 한번 앉은 곳에 머물러요. 그는 게으른 사람이에요. 그가 이사를 나간다면, 상황이 아주 심각한 때이겠지요. 그리고 우리 집에서는 그럴 일은 없어요. 우리는 예의 바르고 상냥하

---

24 Cand. jur. 라틴어 Candidatus juris 법관(변호사) 지원자의 줄임말.

고 호의적이고 모든 순리에 따르고, 우리가 보려는 것만 보기 때문이에요."

"너는 그 사람이……."

"맙소사, 그 사람은 황금과도 같아요. 그 사람하고는 사흘 밤낮을 함께 다닐 수 있어요. 그렇게 점잖은 사람을 우리는 겪어 본 적이 없어요. 그리고 생각해 보세요. 그 사람은 시험을 앞두고 있고, 우리에게는 피아노가 없어요. 안마당에서 약간 손풍금 소리가 나지만, 잘 들리지 않아요. 또 제가 말하지만요, 어머니, 그 사람은 단지 머무는 게 아니라, 아주 오랫동안 있을 거예요. 그 사람은 열심히 하지도 않을 것이기 때문이에요. 그는 정말 '오늘이 아니라도 내일이 있다.'라고 생각하는 사람처럼 보여요. 그리고 정말 내일이 있을지도 모르죠."

아직 열쇠가 없었던 후고는 열시 삼분 전에 집으로 돌아와서 자신에게 제공되는 모든 것에 감사했다. 전날 여행을 해서 피곤하고 아직도 그렇다고 말했다. 뫼링 부인은 잠시 복도에 서서 그가 성냥을 긋는 소리를 들었고, 곧 문틈으로 복도에까지 비치는 불빛을 볼 수 있었다. 그러고 나서 그가 마치 금방이라도 잠자리에 들 사람처럼, 장화를 단숨에 벗는 소리를 들었고, 1분도 되지 않아 방 안이 다시 어두워졌다.

다음날은 그 전날처럼 아름다웠다. 뫼링네는 일찍, 벌써 여섯 시에 일어났다. 하숙생이 일찍 일어나는 사람인지, 알 수 없었기 때문이었다.

"일찍 일어나는 사람은 아닐 거예요. 그래도 모르죠. 첫날은 잠을 설치는 법이니까요."라고 마틸데가 말했다.

그 말을 했을 때가 벌써 여덟 시였다. "보세요, 어머니. 그 사람은 곰 같은 잠꾸러기예요. 그 사람 때문에 밤에 귀를 곤두세우거나 자명종을 맞출 필요도 없어요. 난 좋아요. 겨울이 오면 저도 늦잠을 즐기고 커피를 마시면서 기다리는 게 좋아요. 여덟 시에 좋은 빵을 사야 하니까요."

이런 말을 하면서 그녀는 일어서서 작은 추시계를 바라보았다. 벌써 여덟 시 반이 조금 지나 있었다. "어머니, 아마 노크를 해야 할 수도 있겠네요. 아홉 시간 정도 잠을 자지 않을까 했는데, 지금은 벌써 열 시 하고도 삼십 분이 지났어요. 어떻게 생각하세요?"

"그렇구나. 아마 그 사람에게 무슨 일이 일어났는지도 모르겠구나."

"정말, 그럴 수도 있겠네요. 하지만 아닐 수도 있어요."

한 시경에 새 하숙생은 뫼링 모녀에게 왔고, 식사하겠다고 말했다. 7시 전에는 돌아오지 않을 것이니 방을 서둘러 정돈할 필요는 없다고 했다. 그리고 만약 누가 오면, "여덟 시경"에 돌아올 거라고 말하면 된다고 했다. 이 말을 끝으로 그는 정중하게 인사하고 집을 나섰고, 두 모녀는 현관방의 창으로 그 사람의 뒷모습을 바라보았다.

창문을 다시 닫고, 어머니는 "정말 잘생긴 남자로구나. 저 사람이 절반만 학생이라는 것이 놀라울 뿐이야. 네가 결국에는 잘못 생각한 걸 테지, 틸데. 거의 서른 살은 되어 보이는데."

"맞아요, 어머니. 그렇게 보여요. 그건 덥수룩한 수염 때문일 거예요. 그리고 몸집이 크잖아요. 그렇지만 절 믿으세요. 그 사람은 스물여섯이 안 되었을 거예요. 그리고 얼굴 절반을 덮은 수염도 그래요. 그는 단지 게으르고 열정이 없을 뿐이에요. 단지 졸린듯하니까, 나이가 든 것처럼 보일 뿐이에요. 물론 감상적이기도 하고요."

나이든 뫼링이 "그래, 그렇구나."라고 말은 했지만, 간신히 들릴 정도였고, "감상적"이라는 말에 아무 생각도 들지 않았다. 단지 그것을 부정하려 하지 않았을 뿐이다.

한 시간 후 마틸데는 방을 정리했고, 그동안 어머니는 부엌을 정리했다. 이들은 각각 달걀부침 하나에 볶은 감자를 먹기로 뜻을 모았다. 그래서 식탁을 차리고 감자에다 덤으로 달걀부침 두 개를 놓았을 무렵, 딸도 방 청소를 끝마쳤다. 모녀는 식탁에 앉았다.

"만족하니, 틸데?" 노인은 그날을 기념하기 위해 만든 달걀부침 두 개를 가리키면서 물었다.

"네, 만족해요. 어머니가 두 개 다 드시고 맛나 하시면요. 어머니는 자신을 위해서는 절대 아무것도 드시지 않으니까, 그래서 마르잖아요. 감자도 영양이 좋긴 하지만, 열량이 많진 않아요. 우리 상황이 그렇게 심각한 것은 아니에요. 우리도 저축통장이 있잖아요. 나는 다시 어머니를 더 잘 보살필 거예요. 밥 먹고 나서는 차를 드릴게요. 그 사람은 각설탕을 쓰지 않았고, 포장을 벗기지도 않았어요. 모든 면에서 교양 있는 사람이라는 것을 알 수 있지요. 자, 이제 드세요." 그리고는 노인 앞에 놓고 그 손을 토닥였다.

"그래, 고맙다, 틸데. 네가 좋은 사람을 만나기만 한다면."

"그만 하세요."

"난 항상 그 생각을 한단다. 그리고 그러면 왜 안 된다는 게냐? 아까 네가 거울 앞에 섰을 때도 봤는데 말이다. 넌 옆얼굴은 아주 예쁘단다."

"그만 하세요, 어머니. 그 완벽한 옆얼굴 이야기는 맞을지도 모르지요. 저도 그게 진짜라고 생각해요. 하지만 제가 항상 옆으로 서 있을 수만은 없잖아요."

"그럴 필요는 없다. 너는 좋은 학교를 좋은 성적으로 마쳤고, 네 아버지만 오래 살아 계셨더라면, 너는 지금쯤 원하던 대로 선생님이 되었을 텐데. 사람들은 대부분 배운 사람을 좋아하잖니. 그 사람 방은 어떠냐? 모든 게 제대로 되어 있니? 모두 단정하든? 그 사람은 그다지 가난하지는 않은 거 같다. 나무나 마분지를 붙이지도 않은 전체가 가죽으로 된 가방, 그런 건 좋은 집 자식이나 갖는 거지."

"맞아요, 어머니, 그래요. 그 점에서 우리는 생각이 같군요. 그리고 그 사람은 그게 맞을 거예요. 좋은 집 자식이라는 거요. 서랍장 위에는 손수건과 모직 양말들이 놓여 있어요. 나중에 보세요. 모든 것에 똑같이 새겨져 있어요, 양말에도, 양모인지, 붉은색 실로 이름이 새겨져 있어요. 그 사람한테는 아마도 아주 깔끔한 어머니나 누이가 있을 거예요. 그렇지 않고서야 그렇게 정확하지는 못할 테니까요. 부츠도 괜찮아요. 그 사람은 좋은 가죽이 나는 곳 출신임에 틀림이 없어요. 모든 것에서 그걸 알 수 있지요. 그에게는 송아지 가죽으로 된 아름답게 새겨진 편지철도 있어요. 난 송아지 가죽 냄새가 좋아요. 책들은 잘, 너무나 잘, 제본되어 있고 마치 사용하지 않은 듯이 보였어요. 단지 쉴러 책에만 책갈피에 끼운 부분과 접힌 부분이 가득했어요. 그 사람이 책 사이에 무엇을 끼워 놓았는지 믿지 못할 거예요. 우표 귀퉁이, 꼰 실 조각, 찢어진 달력 조각. 거기에는 영국 책도 있었는데, 번역된 것이긴 하지만, 그 사람은 그걸 읽은 게 틀림없어요. 그 책에는 수많은 느낌표와 커피 얼룩이 있었어요. 군데군데 '멋진' 아니면, '굉장한' 등의 말이 적혀 있었어요. 그렇지만 이제 차를 올려놓을게요. 끓인 물이 아직 있어요?"

"물론 끓인 물은 항상……."

그러고는 틸데가 갔고, 1분 뒤에 쟁반을 들고 왔다. 같은 쟁반과 찻주전자로 하숙생은 아침에 차를 마셨었다.

"그가 차를 마시다니 다행이야." 틸데가 말하면서 어머니와 자신에게 새로 우린 차를 따랐다. "커피는, 이렇게 하면 항상 깔때기 맛이 나지만, 차는 두 번째가 제일 맛있으니까요." 그렇게 말하면서 그녀는 각설탕 두 개를 작은 조각으로 부수고, 어머니의 잔에다 넣었다.

"너도 넣어라, 틸데."

"아뇨, 어머니. 난 설탕을 좋아하지 않아요. 어머니는 단 걸 좋아하잖아요. 항상 조금씩만 입안에 넣으세요. 어머니가 맛나 하면 전 기뻐요. 비록 어머니가 살이 찌더라도 말이에요."

"그래." 웃으면서 노인은 말했다. "고맙다. 그렇지만, 틸데, 살이 찌다니, 어떻게 그런 일이 있을 수 있겠니?"

제4장

일곱 시에 후고 그로스만이 돌아왔다. 그는 현관방에서 틸데와 마주쳤다. "누가 왔었나요?"

"네, 어떤 신사분이요. 한 다섯 시쯤에 오셨어요. 제가 여덟 시쯤에나 오실 거라고 했더니 다시 오겠다고 하셨어요."

"좋아요, 이름은 말하지 않던가요?"

"하셨어요. 폰 리빈스키 씨라고."

"아, 리빈스키. 좋아요."

그리고 여덟 시가 지나자 곧 초인종이 울렸다. 리빈스키가 다시 왔고 안으로 안내되었다.

"안녕하신가, 그로스만."

"안녕하시오, 리빈스키. 나를 못 만나고 돌아갔다니, 미안하네. 하지만 앉게. 오후엔 항상 나가 있다네."

"알고 있네." 리빈스키가 말하더니, 의자를 소파 쪽으로 밀었다.

"체퍼닉,[25] 이 장거리 달리기가 끝이 날까? 자네에게는 어울리지 않아. 자네는 시골 마을의 집배원보다 겨울잠쥐[26] 쪽에 더 가까우니 말이야. 도대체 왜 그루네발트[27]와 빌머스도르프[28]를 왔다 갔다 하는 거지? 아니면 지금은 다른 곳

---

25 베를린 북쪽의 체퍼닉과 장거리 달리기 선수 프리츠 쾨페닉(1857-1887)을 염두에 둔 언어유희.

26 9월부터 3월까지 동면에 들어가는 산쥐과의 동물.

27 베를린 남서쪽의 넓은 숲으로 1889년 예술가와 학자들이 거주하기 시작한 지역으로 현재는 샤를로텐부르크-빌머스도르프 구에 속함.

28 베를린 서쪽 지역.

을 왔다 갔다 하고 있나?"

"먼저 분명히 해야겠네, 친구. 나는 여기 온 지 이제 24시간 정도밖에 안 되었어. 어제 아침 일찍 도착했어. 여기 프리드리히가(街) 맞은편에 말이야. 다행이지, 다시 온 게, 물론 아닐 수도 있고. 오빈스크[29]는 촌구석이야, 그렇고말고, 방금 일어났는데 다시 잠자리에 들 수도 있어. 게다가 어머니와 여동생의 끝없는 불평이라니, 책이나 그림에 대해서 이해라곤 눈곱만큼도 없어, 장터에 춤추는 곰이라도 오면, 마치 볼터[30]가 특별출연이라도 하는 양…… 이 모든 게 별로 내 취향은 아니야. 그렇지만 그런 촌구석에 장점도 있지. 사람들은 여유가 있고, 뭔가 생각할 거리가 있으면, 그것에 매달릴 수 있고, 달달 외우는 공부도 끝이 있으니까. 아니지, 리빈스키, 또 시작이군. 자네는 어떤가? 자네가 쓴 폴란드 모자를 보면, 날 나쁘게 생각하지 말게, 그 모자는 어쩐지 연극배우 같아 보이게 해. 그리고 바지 위로 신은 장화도 — 내 눈에 자네도 방금 복습강의를 듣고 온 것처럼 보이지는 않네만."

"자네의 그 섬세한 감이라니, 그로스만. 복습강의에서 곧장, 아니지. 그렇지만 그 방금이라는 말은 맞네, 방금 교수

---

29 프로이센의 포센 지역의 마을, 현재 폴란드의 오베인스카.

30 샤를로테 볼터(1834-1897), 빈 부르크테아터의 유명한 비극 여배우.

대에서……"

"롤러[31]처럼?"

리빈스키는 고개를 끄덕였다.

"엉뚱한 짓은 하지 말게나, 리빈스키. 무슨 말인가?"

"무슨 말이냐고? 그것에 대해선 나중에 이야기하세. 먼저 자네와 오빈스크 사람들 이야기를 해보게. 자네 혹시 내 숙부님 보았는가? 그분은 말 시장이 설 때나, 돈이 필요할 때면, 가끔 시내로 오시지. 지난번 내 편지에 답장하지 않으셨네, 아마 그때 돈이 떨어지셨는지. 그리고 자네 부친은? 어떻게 돌아가셨나? 예순도 채 안 되셨던 것 같은데. 그리고 유산은 어떻게 되었지? 재산이 좀 있다고 소문이 났었는데."

"그렇지. 그런 말들이 있었지. 그런데 따져보니 아무것도 없었다네. 아버지의 사무실에 우리가 항상 존경하며 바라보았던 아른하임[32] 같은 상자가 있었어. 다들 그 안에 뭔가가 있을 거라고 했거든. 그런데 맞춰보게, 나중에 우리가 무엇을 발견했는지 말이야."

---

31 쉴러의 드라마《군도》의 롤러가 교수형을 면하고 살아남은 후 한 말을 인용함.

32 유대인 금고제작공장 시몬 조엘 아른하임(1802/04-1875)의 이름을 따서 금고와 동의어로 사용됨, 당시에는 부의 상징.

"글쎄, 예상한 것의 절반."

"젠장. 대학생 모자, 대학생 가요집, 그리고 긴 사냥용 부츠 한 벌, 그건 마치 발렌슈타인[33]에게서 받은 것처럼 노란색 가죽으로 되어있었네."

"자네 부친은 님로트[34]셨나……? 그런데 자네 궐련 있나? 저기에도 작은 상자가 보이네. 자네가 물려받은 커다란 궤짝만큼 내게 실망을 주지는 말아야 할 텐데. 그래, 자네 부친은 신사이기 전에 사냥꾼이셨나?"

"천만에. 그러기에 당신은 너무 게으르셨고, 항상 추위를 타셨어. 당신이 시장이 되셨을 때, 아마 한 번쯤 사냥을 함께하신 적은 있을 거야. 내가 좀 커서 김나지움[35]에 가려고 이노프로클라프로 오기 직전에는 삼림 감독관이나 행정 고문관 댁에서 식사 초대가 있을 때만 나가셨다네. 한 번은 이탄 검사원 댁이었지, 난 아직도 그걸 정확히 기억하고 있어."

"그리고 자네 부친은 원래 멋진 분이셨잖아."

"그랬었지."

"자네보단 훨씬 활기가 있으셨어."

---

33 쉴러의 드라마《발렌슈타인》의 주인공.

34 《구약》의 사냥꾼.

35 기초학교 4년 이후의 대학을 가기 위한 중등교육과정.

"글쎄, 생각하기 나름이겠지. 전반적으로 우리는 비슷하다네. 당신도 유급은 절대로 좋아하지 않으셨어. 그 점에서 우리는 서로 같다고 할 수 있어. 사법 연수가 끝났을 때 갑자기 그만두셨고, 말씀하셨어. '두 번이나 떨어지고, 힘들게 시보를 했는데 800탈러라니. 차라리 오빈스크 시장이 낫겠어.' 물론 한참 전에 약혼도 했었고 말이야."

"그것 봐, 후고. 그게 바로 내가 활기가 있다고 말하는 점이야. 그것도 하나의 결정이야, 가족들은 분명히 그걸 반대했을 것이고, 그분을 장관으로 만들고 싶었을 텐데. 알량한 소도시 사람들은 장관 아래는 쳐주지도 않지. 그들은 잘 알려진 행운을 쫓는 사냥에 우리가 모두 초대받았다고 믿고는, 황금 수탉이 꽂혀있는 교회 탑만을 보면서, 그게 얼마나 멀고 그 중간에 빠질 구덩이가 얼마나 많은지는 몰라. 난 포기한 쪽이야."

"자네 말은 대략 그렇다는 거지, 그러니까 이론적으로."

"아니야, 지극히 현실적으로 하는 말이야. 자네 부친 사진을 내게 주게. 난 자네 아버님을 보면서 모범으로 삼겠네."

"그렇지만 한스. 자네는 시장이 되려는 것도 아니지 않나. 그리고 아직 연수 전이고. 내 아버지는 고통스러운 일의 절반을 해냈어. 이제는 모두 혹은 아무나 받아주지 않아, 최소한 연수생은 되어야 하네. 자네는 나 없는 동안 그러니까 나 몰래 연수를 마치고 나서 이제 새로운 직위를 가진 자네를 소개하려고 나한테 온 것 같지는 않은데. 하지만 잠시 실례하겠네. 저기로 가서 약간의 저녁 빵을 준비하라 이르겠네. 가구 달린 셋방에서는 저녁 빵이라 한다네. 인류가 스위스 치즈를 발견한 것은 정말 행운이야. 차를 마시겠나, 그로그[36]를 마시겠나?"

"보통 나는 차 한 잔에서 다른 것으로 넘어가는 편이라네. 술병이 한 사람을 포기하지 않는다면, 게임은 아직 승산이 있지. 그렇지만 오늘은 그만두겠네, 후고. 술자리는 큰일을 위해 아껴두세."

"국가고시 말인가?"

"그건 너무 불확실해. 먼저 그 자체가, 다시 말해 우리가 거기까지 갈 수 있을지, 게다가 좋은 결과를 갖고 말이야. 아니야. 내가 좋은 일을 위해 아껴두자는 것은 다른 뜻에서, 즉 나의 첫날 저녁을 말한 것이네."

"무슨 말인지 모르겠는걸, 한스. 말하기는 우습지만, 자네는 너무 신비주의야. 처음엔 금방 교수대, 나중에 수수께끼를 푼다더니, 이젠 첫날 저녁이라니……"

"내가 자네의 이해력을 너무 과대평가했군. 물론 그건 몇몇 사람들의 견해에 따르면 아주 부차적인 능력이라고는 하지만. 그건 아마 논리학이나 수학과 연관시킨 말이겠지. 모

---

36 럼, 설탕, 물을 섞은 따뜻한 주류.

든 논리학자는 아무것도 이해하지 못해. 그래도 난 놀랄 수 밖에 없군. 우리는 무엇을 위해 왼편에 몬트,[37] 오른편에 크롤[38]과 작은 F.[39]를 두고 쾨닉스 광장[40] 주변을 그렇게 수없이 걸어 다녔나, 지금까지의 햄릿 해석을 공격하고 새롭고, 더 심오한 해석을 찾아 탐구하지 않았나? 나는 무엇을 위해 아말리에[41]와 아델하이드 폰 루넥,[42] 밀포드[43]와 에볼리[44]를 나란히 비교했단 말인가 — 나의 첫날 저녁을 이야기하는데 자네가 도대체 이해하려 하지 않는다면 말일세. 자, 이젠 그만, 나는 나의 첫 '군도' 저녁을 말하는 것일세. 코진스키.[45] 복습강의 얘기는 내겐 너무 지루해졌어. 그리고 좋은 결과를 확신한다 해도 말이야. 간단히 말해 나는 다이히

---

37 카페 이름.

38 쾨닉스 광장 서쪽의 레스토랑, 정원, 공연장, 극장 등이 모여 있는 베를린의 문화적 중심지.

39 베를린 승전탑의 금박으로 된 승리의 여신상.

40 연병장에서 시작해서 19세기에는 관청과 화려한 주택이 들어서는 지역.

41 쉴러의 《군도》의 주인공, 칼 모어의 연인.

42 구스타프 프라이탁의 희극 《저널리스트들Die Journalisten》(1854)의 등장인물.

43 쉴러, 《간계와 사랑》의 레이디 밀포드.

44 쉴러, 《돈 카를로스》의 궁정 여인.

45 쉴러, 《군도》의 칼 모어의 무리 중 귀족 출신.

만[46]에 갔었네. 오늘이 내 세 번째 연습이었어, 크라우스넥[47]이 롤러 역할을 훌륭하게 하고, 나는 조만간 성격배우로 넘어갈 생각이네. 연인 역할은 단지 과정일 뿐이야."

"과정! 그리고 '군도'라니! 정말? 그렇다면 일주일 후에는 티켓에 코진스키 – 리빈스키 씨라고 쓰여 있겠군. 아니면 자네의 '폰'[48]을 계속 달 건가?"

"아니, 사람은 집안을 위해서도 무언가를 해야 한다네. 나의 '폰' 칭호는 쓰지 않을 걸세. 적어도 내가 유명하지 않은 동안에는. 그 이후에는 다시 쓸 수 있겠지."

"그럴 생각을 하고 있나?"

"물론 그걸 염두에 두고 있지. 모두가 그런 생각을 하지. 게릭[49]도 원래 귀족 출신이야. 그가 스스로 '명성은 귀족 출신 위에 있다'라고 말하지 않았더라면, 그 모든 것을 시작했을 거 같나?"

"이 말이 전부 진심인가?"

"완전히 진심이네. 자네에게 말할 게 더 있는데, 이것도

---

46 극장의 이름.

47 1884년부터 베를린에서 활동하던 주연급 연극배우 아르투어 크라우스넥 (1856~1941).

48 성 앞에 다는 귀족임을 나타내는 칭호.

49 영국의 극장장, 극작가, 배우, 연출가 데이비드 게릭(1717-1779).

진심이네. 얼마 안 되어 자네는 내게 와서, '리빈스키, 그 모든 골칫덩어리를 그만둔 자네가 옳았어. 나는 어떤 역할이 어울린다 생각하나? 뒤느와[50] 아니면 칼 모어.[51]' 말하지만, 자네는 타고난 칼 모어야. 자네의 팔을 떡갈나무에 묶고, 아니면, 아마도, 부친을 탑에서 구해낸다면, 자네는 굉장할 걸세."

"그렇게 생각하나?"

"자네는 거기에 맞게 들떠서 흔들리는 기질을 갖고 있지. 게다가 '이 시계를 장관에게서 빼앗았어.'[52]라고 말할 때 설득력 있게 가슴에서 울려 나오는 소리를 내잖나. 물론 그건 법무부 장관이었지. 그리고는 자네도 곧 나처럼 그분에 대해 나쁜 말을 하게 되겠지. 나는 돌아갈 배를 남기지 않고 태워버렸네. 인생에서 모든 것은 단지 용기의 문제라네."

"글쎄, 들어보게, 한스, 그렇지만 다른 것들도 함께 작용하지 않나."

"사랑 말인가. 그 얘기는 하지 말게. 터무니없는 소리야.

---

50 쉴러, 오를레앙의 처녀, 잔 다르크와 함께 싸운 남작 장 뒤느와. 당시 출중한 셰익스피어 작품의 배우.

51 쉴러, 《군도》의 주인공.

52 쉴러, 《군도》에서 칼 모어가 한 말의 변용, "이 루비를 장관의 손가락에서 빼앗았어."

여러 사람이 정신이 나갔어, 자네도 그럴 수 있다고 생각하네. 산책을 그렇게나 많이 하고, 레나우[53]나 졸라[54]에 열광하는 이는 (이걸 위해 누군가가 잠시 자네 흉내를 내야만 할 텐데) 사랑이라는 어떤 무의미한 짓도 할 수 있지. 이런 사람은 겉으로는 용기가 있어 보이지만, 실제는 그 반대라네. 단지 축 늘어져서 안주하고, 현관 열쇠나 챙기는 거지. 후고, 자네도 조심하게. 그렇지만 내가 오늘 벌써 말하는데, 자네가 만약 정상적으로 발전하고, 커다란 실수만 하지 않는다면, 그래서 평범하고 논리적으로 발전해 나간다면, 자네는 오늘 내가 서 있는 곳에 내일이나 도착할걸세. 그리고 자네가 연수생이 되더라도 그건 아마 가능할지 모르네만, 시보는 절대 되지 못할 거야. 고시 공부는 이젠 그만둬. 모든 게 다 소용없어. 나는 내 파펜하이머를 잘 알고 있지.[55]"

그때 노크 소리가 났다. 그로스만이 일어서서 문 쪽을 향했고, 문을 열어주었다. 거기에 마틸데가 서 있었다. 그녀는 시내에 나가야 한다. 그리고 그녀의 어머니 외에는 아무

---

53 1802-1850, 세상의 슬픔을 노래한 오스트리아-헝가리의 시인.

54 프랑스의 작가, 에밀 졸라(1840-1902).

55 쉴러의 희곡《발렌슈타인의 죽음》3막 15장에서 유래. 모든 소소한 것을 잘 파악하고 있다는 의미.

도 없을 것이기 때문에 그로스만 씨가 혹시 식사 때 원하시는 게 있는지 물어보려 했다고 말했다.

"고마워요, 마틸데 양. 폰 리빈스키 씨는 다 사양하셨어요. 나는 '프란치스카너'[56]에 갈 겁니다. 탄산수 한 병을 놓아둘 수 있으면 좋겠군요."

리빈스키가 다시 자리에 앉으며 말했다. "자네 그런 식으로 알랑거리지 말게. 탄산수라니. 그런 건 속물이나 마시는 거야."

"그건 이전에 무엇을 먹었는지에 따라 문제가 되겠지. 그리고 난 알랑거리려는 게 절대 아니야. 뫼링 부인은 속물이지. 그리고 저 아가씨는 그 부인의 딸이라네. 거기에다 알랑거리다니. 우리가 그 정도로까지 떨어지진 않았어. 그리고 헛되이 레나우에 취해 있었던 것도 아니고."

"바로 그거야. 그거. 시는 멍청한 짓을 막아주지 못해. '연못 위, 미동도 없는 곳에, 부드러운 달의 광채가 머문다'[57] — 단지 약간의 달빛이 필요할 뿐이야. 그렇게 모든 게 드러나지, 연못은 방의 한쪽 귀퉁이인지도 모르지."

"난 자네를 이해 못 하겠네, 한스. 그렇게 아무런 근거 없이."

---

56 맥주를 마실 수 있는 레스토랑.

57 레나우의 시 〈미동도 없는 연못에서〉의 한 부분

"인간의 가장 훌륭한 점은 예감이야. 그녀의 깎아놓은 듯한 옆얼굴, 엄격하고 우아한데도 눈에는 작은 결점이 있어, 잿빛 금발이군. '이승의 여인들은 그렇게 걸어가지 않는다. 그 여인들을 낳은 이는 유한한 인간이 아니지……'[58]"

"헛소리 말아. 뭐라는 거야. 저 여자는 그냥 이상하게 생겼을 뿐이야."

"그런 말 말게. 말이 씨가 되는 법이라네."

"무슨 소리야. 모두 헛소리이고 오만이야. 자, 이젠 그만 가지. 도대체 언제가 자네 데뷔인가?"

"다음 화요일이야. 건투를 빌어줘. 아니 차라리 와서 손뼉을 쳐주게."

5장

다음 날은 조용히 지나갔다. 후고는 오전 복습강의를 듣고 식사를 하러 갔다. 그리고는 빌머스도르프에 갔다가 저녁에 집으로 돌아왔다. 전반적으로 그는 적어도 대부분은 착실함의 표본이었다. 마틸데의 주의를 끈 것은 그의 학업이

---

58 쉴러의 담시, 〈이비쿠스의 두루미들〉, 복수의 여신, 에리니에스를 빗대어 말함.

었다. 그녀가 보고, 그에게서 들은 바에 따르면, 그는 국가 고시를 준비하고 있는데, 실제로 매일 아침 외출할 때 책이나 노트를 한 권 끼고 있었다. 그런데 다시 집으로 돌아오면, 그는 학업에 대해서 단 한마디도 하지 않는다는 것을 마틸데도 분명히 알게 되었다. 창가에는 그가 가져온 높은 책상이 있었고, 그 위에 두꺼운 책 몇 권이 널려 있기는 했다. 하지만 그 책들에는 매일 아침 얇게 먼지가 덮여 있었다. 저녁에는 책을 보지 않는다는 충분한 증거인 것이다. 그가 읽는 것은 소설들이었고, 그는 이삼일마다 여러 권을 집으로 가져왔다. 그것은 작은 문고판으로 항상 여러 권이 소파 위에서 귀퉁이를 접어 표시되어 있거나 연필로 밑줄이 그어져 있었다. 마틸데는 무엇이 그의 마음에 들고, 무엇이 의문을 품게 하는지 정확히 파악할 수 있었다. 왜냐하면, 느낌표나 세 개의 물음표가 있는 부분들이 있었기 때문이다. 그렇지만 그것도 일부분으로, 대부분의 표시와 여백의 주석이 '인생은 한갓 꿈'[59]에 있어서, 그 책이 가장 그의 관심을 끈 듯했다.

"어머니, 기적이 일어나지 않는다면, 그는 절대 하지 않을 거예요." 틸데가 말했다.

59　17세기 스페인의 작가 칼데론의 유명한 운문 드라마, 운명과 자유의지를 다룬 드라마.

"무얼 말이냐, 틸데?"

"국가고시요. 우리는 물론 괜찮죠. 오래 걸릴수록 그가 더 오래 있을 테니까요. 그리고 그가 시험에서 떨어지면, 그래도 그는 머무를 거예요. 결국엔 어디로 가겠어요? 친구가 그렇게 많은 것 같지도 않고요. 폴란드 모자를 쓴 그 신사분도 다시 오지 않잖아요."

이 말은 물론 일리가 있었다. 리빈스키는 첫 방문 이후 다시 들르지 않았다. 그러나 틸데 뫼링이 이렇게 말한 그 날 리빈스키가 와서 친구 후고를 만났다.

"드디어, 후고, 자네는 내가 허풍을 떨고 코진스키 이야기가 농담이었다고 생각했겠지. 내가 자네에게 말하겠네, 진짜 진심이야. 그 말은 씁쓸한 진심이지만, 이 단어는 개념상 피하고 싶네. 어쨌든 내가 사람들에게 호감을 줄 거라고들 생각하고, 어떤 사람은 오늘 일찍 내가 '타고난 코진스키다.'라고 말했다네. 유감스럽게도 그 사람은 슈필베르크[60]야. 하지만 항상 그렇듯, 그가 바로 충직한 사람이지. 자, 내일이면 모든 것이 결판이 날 거야. 여기 표를 가져왔어. 일등석은 자네 것이고, 이등석 두 장은 건너편 여성들 것이네. 그들이 이 이름들을 들어나 봤는지, 물론 의심스럽지만 말이야. 일등석 세 장을 줄 수도 있지만, 두 사람이 자네 바로

60 군도의 배역, 칼 모어를 모함하는 역.

옆에 앉으면 자네는 난처할 테니까. 특히 노인은 너무나 서민 계층 어머니지 않나. 그리고, 솔직히 말해서 나나 단장에게는 이등석이 훨씬 중요하다네. 일등석에는 항상 비판이 있기 마련이고, 저 두 여인이 거기에서 열광한다면, 우스꽝스럽거든. 그렇지만 이등석에서는 뭐든 상관없어. 조금만 신경 쓰면 이등석은 안심할 수 있지. 아래층 자네 좌석은 구석진 곳이야. 모든 걸 염두에 두었어. 그런데 후고, 자네 조금 냉랭하네."

"아니야, 한스. 나는 약간 혼란스러울 뿐이야. 자네가 내게 허풍을 떨었다고 생각하지는 않아. 단지, 그새 다른 일이 생겼나보다 하고 생각했지. 시간이 걸려서 말이야……"

"아, 이해하네. 사람들이 말했겠지, 결국 안 되는구나, 그는 아무것도 아니었구나, 하고 말이지."

"그렇게 민감하게 받아들이지 마. 아직 공연도 하지 않았으면서 벌써 그런 말을 하다니. 그건 단지 내가 금방 생각한 것의 일부일 뿐이고, 또 다른 건 뫼링네 두 사람에 관한 건데 말이야."

"하지만 친구, 그건 쉽게 바꿀 수 있어. 일등석 두 장을 줄 수 있어."

"아니, 그게 아니고. 그 반대야. 이등석은 자네가 잘 생각한 거야. 내 입장을 잘 고려한 것이기도 해. 비록 좌석이 다르다 해도 내가 함께 가는 그런 일은 말이야, 그건 사회적으로 동등한 위치에 있는 것과 같은 것이거든. 그리고 내가 노인과 아니면 노인이 내게 늙은 모어[61]에 관해 얘기한다면, 왜냐하면 내가 먼저 말을 하지는 않을 테니까, 그 정도로 우리는 가깝지 않아. 게다가 이야기가 잘되지도 않을 거야. 그렇다 해도, 저런 여자가 무슨 말을 할 수 있겠나? 모든 게 난처하게 만들 뿐이지."

"아니야, 후고, 정말 웃기는 일이야. 도대체 사람들이 하는 말이란 헛소리일 뿐이라는 것 정도는 자네도 알 텐데."

"그리고 난 그들을 거기로 데려가야 하고, 끝나면 집까지 동행해야 하지 않나."

"난 그렇게 생각지 않네. 그들에게 선물하고 알아서 가게 해."

"알았어. 자네 말이 옳아. 그렇게 하겠네. 이제 알겠지, 나의 행동을. 자네는 냉랭하다고 했지만. 냉랭한 것이 아니라 난 흥분했다네. 내가 마치 코진스키 역을 맡은 것처럼 말이야."

"누가 알겠나, 앞으로 무슨 일이 일어날지를."

그 말을 하고 친구는 일어섰다. 왜냐면 그는 해야 할 일도, 생각할 것도 너무나 많았기 때문이다. "필리피에서 다시

---

61 쉴러, 《군도》의 주인공 칼 모어의 아버지 막시밀리안 모어.

보세.[62] 그리고 용감하게 싸우게. 내가 지면 난 칼 아래에 쓰러지겠지."[63]

"내게 칼을 잡으라고 요구하지는 말게."

리빈스키가 가고, 곧바로 후고는 표 두 장을 주기 위해 두 여인에게 건너갔다. 일등석 표가 매진되어서 떨어져 앉아야 한다, 그렇지만 항상 위를 올려다보겠다고 그는 말했다.

어머니 뫼링은 아무 말도 하지 않았다. 그러나 틸데는 금방 상황에 적응하고 한껏 예의를 갖추고 완전히 태도를 바꾸어 말했다. "저희를 생각해 주시다니 정말 감사합니다. 저희는 그것을 대단한 영광으로 생각합니다."

"그렇습니다." 자신도 그 말을 하려 했다고 노인이 말했다.

몇 가지 질문이 있었고, 의례적인 말이 오간 후에 후고는 자신의 방으로 건너갔다. 노인은 보조 의자를 화덕 쪽으로 밀고 거기에 앉았다. 틸데는 소파에 앉아, 작은 석유램프를 밀어내고, 어머니 쪽을 건너다보았다.

---

62 플루타르쿠스, 《카이사르》를 소재로 한 셰익스피어의, 《율리우스 카이사르》 4막 3장에서 브루투스가 카이사르의 영령에게 하는 말, 마케도니아의 도시 필리피 전투(B.C. 42)의 비극적인 결말을 예감하게 한다.

63 필리피 전투에서 패한 브루투스는 스스로 칼로 목숨을 끊는다.

"뭘 입는다니, 틸데? 검은색 비단은 이제 더 입을 수 없고 그건 원래 상복으로 만든 것 아니냐. 붉은 스카프를 그 위에 두른다 해도, 그러기에 나는 너무 늙었어."

"참, 어머니도. 걱정하지 마세요. 제가 어머니를 꾸며 드릴게요. 리본 몇 개만 있으면 돼요. 아무도 쳐다보지 않을 거예요. 봐도 뭐 어때요. 모자[64]는 나이든 여자에게는 항상 중요하죠. 모자는 아직 괜찮으니 조금만 주름을 잡고 다림질을 하면 어머니는 아마 백작 부인처럼 보일 거예요."

"아니다, 얘야. 그런 말은 말아라."

"어머니, 제가 말하는데, 우리는 해낼 수 있어요. 조금 걸쳐 입고 꾸미는 것, 그건 아니에요. 저는 모자 수선과 꽃 만드는 것, 레이스 짜는 법도 배웠어요. 우리가 제대로 차려입지 못한다면, 좋은 옷이 있어도 소용이 없어요. 어머니 모습에 그 사람은 놀랄 거예요. 그리고 연극이 끝나고 그가 우리를 주점으로 이끌면……"

"아니, 틸데, 어떻게 그런 생각을 할 수 있니?"

"아니면 할 수 없죠. 그것에 매달리는 게 아니라, 그럴 거라는 인상을 받았고 으레 그러는 거니까요."

"그래, 그래, 알았다."

---

64 결혼한 여자들이 쓰는 장식용 모자. 윗부분에 화려한 장식을 하고 양쪽에서 내려오는 리본을 목 아래에 묶는다.

"그리고 어머니, 며칠 전부터 말하려 했는데, 나이든 룬첸을 다시 불러야겠어요. 한 시간씩 건넛방 청소도 하고 장도 보게 해요. 제가 그 일을 반대하는 건 아니고, 문제가 되지 않아요. 그런데 얼마 전에 그 사람이 뭔가를 놓고 가서 다시 집으로 온 적이 있었는데, 그때 전 물을 쏟아붓고 첨벙거리는 중이었어요. 방 한가운데에 양철 물통이 있었는데 그땐 정말 난감했어요. 그래서 룬첸을 불러야겠다고 정말 생각했어요. 그녀는 우리가 필요한 것도 사 올 수 있고요."

어머니는 잠시 생각한 후, 말했다. "틸데, 그러면 돈이 들지 않니. 그리고 모르잖아, 만약 그 사람이 나간다고 하면……"

"그럼 우리도 다시 내보내요. 룬첸은 현명한 여자거든요. 그리고 계약해지라뇨. 절 믿으세요, 그는 나가지 않아요."

다음 날은 굉장한 하루였다. 낡은 꽃들과 커다란 종이 상자 속의 리본들이 잘 보일 수 있도록 소파 위에 흩어져 있었다. 어머니는 마음에 들지 않았다.

"틸데야, 모두 보풀이 생겼구나. 이건 우리가 가진 제일 좋은 것인데. 얘야, 대체 어떻게 그것들을 다 만들 수 있겠니." 그러나 틸데는 물러서지 않았고, 자신과 어머니를 위해 필요한 것을 찾아내서 열심히 일하기 시작했다. 그리고 그녀는 밝은 밤색 장갑을 빨았다. 비누 냄새가 건너편 후고 방에서까지 났다. 그러고는 다림질을 했다. 틸데는 유난히 기분이 좋았다. "다리미가 달아오른 걸 보세요." 그러고는 부지깽이로 공기통을 소리 나게 닫았다.

"네가 표를 갖고 있지, 틸데야." 그게 그들이 집을 나서기 전에 나눈 마지막 말이었다. 그들의 하숙생 후고는 온종일 얼굴을 보이지 않았다. 이로써 그가 동행하는 문제는 깨끗하게 해결되었다.

코진스키는 세 번의 무대 인사를 했다. 손뼉을 치고 싶지 않았던 나이든 뫼링은 하필 다른 쪽을 향해 인사하는 배우들에게 고개를 끄덕이는 것으로 만족했다. 그러고는 소란이 계속되는 동안 틸데에게 말했다. "그는 정말 잘하는구나. 정말 품위가 있어. 아마 굉장히 어려웠을 텐데."

"맙소사." 틸데가 말했다. 그녀는 후고가 이등석 쪽을 보는 것을 피하는 것을 알아차렸고 모든 것에 부정적인 반응을 보였다. 딱 한 번 쳐다보긴 했지만, 그리고 인사를 하긴 했지만, 아주 뻣뻣하고 형식적이었다. 그렇지만 결국 그녀는 모든 것을 좋은 쪽으로 생각했고, 위대한 꿈이 나오고 흰 머리칼이 심판의 저울 안으로 떨어지자[65], 자신에게 말했다.

---

65 실러, 《군도》 4막 1장에서 프란츠 모어의 꿈을 설명하는 장면.

그가 위를 올려다보지 않는 건 좋은 징조야. 그는 경솔한 사람이 아니야, 진지하게 생각하기 때문이야. 그는 말하겠지. 그런 것은 여파가 있다고…… 그래, 그 여파에 대해선 몇 번 내게 말했었지…… 공부가 완전히 끝난 것도 아니고…… 그는 이걸 장난으로 여기지 않아…… 그녀는 생각을 더 진전시킬 수 없었다. 어머니가 "틸데야, 저 늙은 시종역이 누군지 한번 보렴. 저 사람은 정말 심하게 떠는구나."라고 말했기 때문이다.

"아이, 그만 하세요."라고 말하면서 틸데는 가져온 사탕 봉지를 노인에게 건넸다.

뫼링네는 외투와 모자를 바깥에다 맡겼었다. 틸데가 그것을 고집했기 때문이다. "어머니, 제가 절약하는 거 알죠. 그래도 가끔 그래야 할 때가 있고, 가끔은 예의에 맞추는 게 제일 영리한 거예요."

"네가 그렇게 생각한다면, 틸데야, 우리 그럼 같이 맡기자."

이제 그들은 다시 옷을 입고 계단을 내려왔다. 아래 홀에서 틸데는 머뭇거렸다. 그녀의 하숙생이 난간에 기대어 그들을 기다릴 수도 있다고 생각했기 때문이다. 그렇지만 그는 없었다. 다시금 기분이 나빠졌고, 좀처럼 흔들리지 않는 틸데는 잠깐 묻지 않을 수 없었다. "내가 잘못 생각한 걸까?" 그렇지만 그녀는 하숙생의 성격을 가장 정확하게 안다고 믿고 있었기 때문에, 구제 불능의 낙관주의인지, 혹은 희망에 가득 차서인지, 물론 친구에게 축하는 해야겠지, 동시에 두 군데에 있을 수는 없잖아, 라고 스스로 말했다.

그들은 열 시가 넘어서 집으로 돌아왔고, 집 열쇠를 갖고 가서 다행이었다. "봐라, 틸데, 다행이지." 노인은 가방에서 집 열쇠를 꺼내면서 말했다.

"아이, 어머니도. 마치 제가 그걸 바라지 않은 것처럼 말하시네요. 당연하죠. 저는 우리가 열한 시나 되어서야 집에 올 수 있을 것으로 생각했어요."

계단에서 그들은 가스등을 끄는 수위를 만났다. "아주 좋았나 봐요." 그가 말했다.

"아니, 크리크호프 씨, 어떻게 아세요?"

"네, 제 아내 이다도 거기에 갔거든요. 그녀는 항상 간답니다. 그녀가 극장 사람을 알거든요."

"알고 있어요." 틸데가 말했다. "극장이 교양을 쌓게 하죠."

그렇게 말하면서 어머니와 딸은 계단을 올라갔고, 수위는 마음이 후해져서 층계 절반쯤까지 빛을 비춰 주었다.

틸데는 올라와서 말했다. "어머니, 우리 차를 끓이며 그 사람을 기다리는 게 어때요? 그도 아마 우리가 보고 싶을 테고 우리가 즐거웠는지 알고 싶을 테니까요."

"아니다, 틸데야, 그는 너무 끔찍했어, 그 늙은 사람 말이다. 그 생긴 것 하며, 걸어 나오는 모습이, 그리고 다른 사람은 금방 들어갔지, 그때 십 년 묵은 체증이 내려가더라. 그런 사람이 아직도 자유롭게 돌아다닌다고 생각만 해도……"

"그 사람은 돌아다닐 수 없어요, 어머니. 그건 아주 오래전 일이고, 그건 단지 지어낸 이야기일 뿐이에요. 어머니는 그게 사실이라고 항상 생각하죠."

"그렇단다, 얘야. 어떻게 그렇게 생각하지 않을 수 있겠니? 나쁜 사람들이 얼마나 많은데……"

"알았어요. 제발 트렙토프[66]의 모피 만드는 장인 얘기만은 하지 마세요. 그 사람이 자기 아내를 족제비 가죽으로 목 졸라 죽였다는 얘기는 알아요."

"그래, 그건 사실이란다. 그렇지만 지금 건너편에 사는 사람은 좋은 사람이겠지."

"네. 아주 좋은 사람이에요. 그 말은, 그 사람이 제가 생각하는 그대로라면 말이에요."

"너는 항상 확신에 차서 말을 하는구나."

"맞아요. 그냥 때때로 불안하지만. 아마 그것도 곧 지나갈 거예요."

---

66 베를린 남동쪽의 지역 트렙토-쾨페닉.

6장

뫼링네는 자정까지 기다리면서 두 번이나 차를 다시 우려냈다. 그래도 하숙생이 오지 않자 노인이 말했다. "틸데야, 이렇게 등유를 많이 태울 필요가 있냐? 그 사람은 올 것 같지 않다. 오더라도 자기를 보여주는 걸 원하지 않을 것 같다. 그는 아마 퇴퍼스 호텔 지하[67]에 앉아 있겠지. 항상 거기에 앉아들 있잖니."

그들은 자러 갔고 조용히 누운 채 아무런 말을 하지 않았다. 그렇다고 잠든 것도 아니었다. 틸데는 저녁 내내 보여준 그의 태도와 자신의 예상을 완전히 빗나간, 이 밤의 술집 순례에 대해 골몰했고, 노인은 아직도 연극에 생각이 머물러 있었다. 노인이 일어나 나지막하게 "틸데야, 자니?"라고 말했을 때 시계는 한 시를 쳤다.

"아뇨, 어머니."

"잘됐구나, 얘야. 나는 어쩐지 불안하다. 혹시 차 때문인지. 가슴이 이렇게 뛰고 아직도 그 늙은 남자가 눈앞에 보여서……"

"그 늙은 남자 얘기는 그만 하세요, 어머니. 그 사람은 잠

---

67 카를 가에 있는 중간급 호텔, 조식이 나오는 지하의 주점은 예술가들이 즐겨 모이는 장소.

든 지 두 시간은 되었을 거예요. 어머니도 주무셔야 해요."

"그런데, 단지 그 빨강 머리가……"

"그래요. 그는 이제 벌을 받았어요."

"그러면 그 가엾은 아이, 아가씨는 어떻게 되었을까? 그 여자 이름이 뭐더라?"

"아말리에요."

"그래, 아말리에. 그 애는 고아나 마찬가지잖니? 그들이 노인을 구해내더라도. 그는 더 살지는 못할 텐데."

"네, 그럴 수 없어요, 어머니. 그렇지만 지금은 제가 물 한 잔 갖다 드릴게요. 그리고 이제 다른 쪽으로 누우세요."

"글쎄, 백까지 세마."

후고가 늦게 일어날 거라고 예상했지만, 반대로 그는 평소보다 더 일찍 벨을 울려서, 아침 식사를 십 분 정도 기다려야 했다. 틸데는 식사가 늦은 것에 사과하려고 했지만, 그는 그럴 필요가 없다고 하면서 자신이 사과해야만 한다고 말했다. 네 시에 집으로 돌아와서 일곱 시에 아침 식사를 청하는 것은 거의 부자연스러운 일이라고 말했다. 연극이 좋았는지, 다시 말해 즐거웠는지 그리고 리빈스키가 마음에 들었는지 그가 물었다. 나가서 좋은 평을 받았는지 알아보려고 한다. 박수를 보내지 않은 것은 잘한 일이며, 그런 것은 눈에 띄고 좋지 않다. 그랬으면 아마 신문에서 관객들 모두가 그가 고용한 박수부대라고 했을 것이다. 여하간 리빈스키는 새로운 역을 맡으면 다시 표를 주겠다고 말했다. 그건 다음 주인데, 그는 뒤느와, 프랑스의 악당[68] 역을 맡았다고 말했다. "그 역을 알죠, 틸데 양."

"네, 그 뒤느와를 알죠." 그녀는 이름을 강조하면서 말했다. 아무런 사족을 달지 않음으로써 이런 식으로 "악당"이 적합하지 않다는 것을 느끼도록 하였다. 그녀가 생각해낸 계획에는 미덕도 포함되어 있었다. 그래서 그녀는 비난의 강도를 높이기 위해 대화를 중단하려 했다. 물론 그것은 그녀에게도 힘든 일이었지만.

그녀가 다시 건너편 자신의 방으로 돌아왔을 때, 현관문이 아닌 부엌 쪽으로 들어온 룬첸을 발견했다. 그녀는 보통 때처럼 두건을 쓰고 왼쪽 눈에 안대를 하고 있었다.

"아, 안녕하세요, 룬첸 부인, 당신이 있어서 다행이에요. 어머니가 말씀하시든가요……?"

"그래요, 틸데. 어머니가 내게 말했어요. 다시 신사 한 분이 계시니, 내가 청소도 하고 장도 봐야 한다고요. 그런데 언제 와야 해요? 일곱 시부터 아홉 시까지는 건너편 페터만 대위님 댁에, 그리고 여덟 시부터 아홉 시까지는 아래층 쿨릭스 씨 댁에서 일하는데요."

---

68 쉴러의《오를레앙의 성처녀》의 장 드 뒤느와, 별칭 오를레앙의 악당, 프랑스 100년 전쟁에서 프랑스 군대의 지휘관.

“아주 좋아요. 아홉 시부터 열 시까지가 제일 좋아요. 더 늦어도 되고요. 그분은 그 시간에 항상 없거든요. 그러면 원하는 대로 청소할 수 있어요. 필요한 게 어디 있는지는 다 알죠. 하지만 때로는 그분이 나가지 않고 창밖을 내다보기도 해요. 그때는 룬첸 부인, 약간 옷매무새를 정돈하세요.”

“정돈이요?”

“그래요, 룬첸 부인. 제 말은 물론 조금만요. 공주처럼 하고 올 수는 없죠. 그 정도로 본전이 빠지는 것도 아니고요.”

“그래, 그렇지, 그럴 정도는 아니지.”

“그렇지만 정말 필요한 건요, 흰색 앞치마예요. 그리고 차양 모자는 벗으세요. 그분이 없는 동안은 괜찮아요. 모든 걸 보지는 않으니까요. 하지만 그분이 있는 동안은 머릿수건이 낫겠어요.”

“네, 아가씨, 머릿수건이라니요?”

“물론 그걸 갖고 오실 필요는 없어요. 우리 집 선반에 한 개는 있을 거예요.”

“허락한다면 그동안 그걸 쓰겠어요.”

“그러세요, 룬첸 부인, 그리고 한 가지 더. 그 검은 눈가리개는 일주일 이상은 쓰지 마세요. 제가 매주 일요일에 새것을 드리지요. 그 비용은 계산하지 않을게요.”

7장

리빈스키가 뒤느와 역을 맡은《성처녀》[69]가 공연되었다. 그렇지만 이번에는 뫼링네도 그들의 하숙생 후고 그로스만도 이 공연을 보지 못했다. 왜냐하면, 후고가 병이 났기 때문이다. 그는 꽤 심하게 열이 나서 의사를 불러 달라고 했다. 의사가 왔는데 며칠 동안은 의사도 무슨 병인지 확신하지 못했다. 그리고 어느 날 아침 무슨 병인지 확실해졌다. 의사가 뫼링 모녀에게 와서 말했다. "홍역입니다. 별것 아니고, 위험하지도 않아요. 그렇지만 조심해야 합니다, 뫼링 부인. 그렇지 않으면 죽을 수도 있어요. 우리도 모릅니다, 어떻게 될지."

"맙소사, 의사 선생님. 저분이 우리 집에 온 지 6주밖에 되지 않았는데 이런 일이 생기다니요. 사람들이 알게 되면 아무도 세를 들려고 하지 않을 거예요. 그렇다고 숨기는 것도 불가능해요. 나쁜 사람들은 너무나 많고 슐체 부부도 좋아하지 않을 거예요."

"그렇겠지요. 그렇지만 어쩔 수 없어요. 무엇보다도 겁먹지 마십시오. 아직 그는 살아 있고 아마 계속 살 겁니다. 저

69 쉴러의 드라마,《오를레앙의 성처녀》. 프랑스 백년전쟁의 잔 다르크를 소재로 한 역사극.

는 단지 조심하라고, 항상 젖은 헝겊을 침대 머리맡에 걸어 두라고 주의를 드리려는 것이었어요. 병균은 우습게 볼 게 아닙니다. 무엇보다도 바람을 피하세요. 찬바람은 치명적이에요. 모든 걸 다시 원상태로 돌리고 급소에 침범하지요."

"하느님, 어떻게 그런 일이……"

"그러면 사망입니다."

마틸데는 그때 그 자리에 없었다. 시내에 갔다가 집으로 돌아와 의사가 하는 말을 들었을 때, 그녀는 "어머니, 어머니는 어차피 아무것도 견뎌내지 못하시잖아요. 홍역은 아무것도 아니에요. 홍역은 홍역일 뿐이에요. 작은 벌레들이 속에 숨어 있는 거예요. 벌레들은 몸에 좋은 것이라고도 해요. 그것들이 바깥으로 나오는 게 제일 중요해요. 물론 우리는 조심해야 하고 그가 룬첸을 보지 않도록 잘 보살펴야 해요. 그는 많은 것에 예민하고 룬첸을 보면 공포를 느낀다고 제게 말했어요."

"아이, 그건 그냥 하는 말이겠지……"

"아니요, 정말이에요, 어머니. 항상 작품을 읽고 극장에 가는 부류들은 그래요. 그리고 시커먼 반창고는…… 공포를 가질 만도 하지요."

"틸데야, 우리 같은 사람들이 이런 일도 겪어야만 하다니. 이런 걸, 신의 섭리라고 하겠지. 게다가 그것에도 감사해야만 하다니."

"그런 말씀 마세요, 어머니. 그런 말은 불운을 갖다줘요. 욥을 생각하세요.[70] 그리고 신의 섭리도요. 물론 신의 섭리예요. 그리고 감사를 말하는 것도 전적으로 옳아요. 적어도 우리는요. 왜냐하면, 제가 말씀드리는데 우리에게 이건 아주 좋은 신호예요. 제가 뭔가를 생각해내야 했다면, 홍역처럼 좋은 것은 생각해내지 못했을 거예요."

"그러니?"

"물론이죠."

"아니 왜, 틸데?"

"그건 때가 되면 그때 말씀드릴게요. 미리 말을 하면 불운을 부르거든요."

"아니, 틸데. 너는 모든 걸 항상 계산하는구나. 그렇지만 그게 잘못될 수도 있잖니."

"그럴 수도 있겠죠. 그렇지만 두고 보세요. 제 계산이 맞을 테니까요."

후고 그로스만은 홍역을 이겨내고, 회복기에 들어섰다. 이 무렵에 의사는 "그렇습니다, 뫼링 부인, 우리는 그를 구해냈어요. 다시 말해 심각한 상황은 벗어났어요. 아직 건강해졌다고는 말할 수 없지만요. 더욱 주의를 기울여야 합니

---

70 《구약》의 욥처럼 불평하지 말고 인내심을 가지라는 의미.

다. 아주 작은 실수도 위험을 초래합니다. 만약 너무 일찍 빛을 보면, 그는 눈이 멀게 될 겁니다. 그리고 그를 이곳에서 옮기는 것이 좋을 것 같군요. 젖은 헝겊이 좋아요. 그렇다고 항상 그런 것은 아닙니다. 그를 다른 침대로, 그러니까 다른 위치로, 현관 쪽으로 옮길 수 있으신지요? 물론 문은 항상 닫고 외부와 차단해야 합니다. 방문객은 부엌 쪽으로 들어와야겠지요. 질병은 모든 것을 용서하지요. 마틸데 양과 함께 상의해보세요. 그녀는 영리하니까 해결책을 찾을 겁니다."라고 말하고 돌아갔다.

물론 마틸데는 의사가 그녀에게 가진 믿음을 증명해 보였고, "비른바움 선생님 말씀이 옳아요. 그는 나와야 해요. 이젠 헝겊 냄새도 더 못 맡겠어요. 그렇지만 현관방은 안 돼요. 현관방은 어쩐지 너무 내쳐진 듯 보이고. 그다지 적당하지도 않아요. 그 사람은 그래도 배운 사람이고 시장의 아들이잖아요. 그리고 홍역도 우리 집에서 얻었어요. 그는 우리 방으로 와야 해요……"라고 말했다.

"그래, 틸데. 그래도 그건 안 된다. 우리는 방이 하나지 않니? 침대도 하나인데, 게다가 낯선 남자를 들이다니. 그건 안 된다."

"그렇지 않아요. 그리고 침대는 전혀 필요 없어요. 침대는 있는 자리에 그냥 두고, 저녁에만 그 사람을 다시 옮겨서 잘 싸고 그 위에 담요를 덮어주면 돼요."

"그리고 낮에는……"

"낮에는 우리 방에 있어야겠지요. 그는 우리가 불편할 일은 하지 않을 거예요. 그리고 나는 항상 나갈 수 있으니까요. 어머니도, 물론, 어머니는 나이 들었고, 그는 아들뻘이잖아요. 그가 어머니에게 도움을 청할 수도 있겠지요. 그렇지만 그는 그러지 않을 거예요. 그는 점잖으니 차라리 참겠지요. 회복되는 동안 우리는 항상 그를 건너편에 두고 빛이 들지 않도록 차양을 반쯤 내리고, 그에게 책을 읽어 주거나 이야기를 해주어야 해요. 그렇다고 아버지에 대해 너무 많은 이야기를 하지 마세요. 어머니는 너무 세세한 것까지 들어가는데 아버지는 그다지 흥미로운 분은 아니잖아요."

"그렇지만 좋은 분이셨다……"

"그럼요."

"……아주 좋은 분이셨지. 그런데, 틸데야. 난 네가 그 사람을 도대체 어떻게 생각하는지 알고 싶구나. 그의 침대는 건너편에 있고, 우리는 그를 의자에 앉힐 수도 없잖니? 그렇게 오랫동안 몸을 똑바로 가눌 수도 없고, 아직도 아프고 약하지 않니."

"물론, 앉아 있지 못해요. 그러니까 보세요. 우리가 긴 의자를 가진 게 얼마나 다행인지. 저는 그게 쓸모가 있다는 걸 알고 있었어요."

"너는 그게 가능하다고 생각하니? 저건 말하자면 우리

의 소중한 물건이 아니니? 전신거울은 금이 가서 그럴듯해 보이지도 않아. 그렇지만 긴 의자는. 병에서 회복되는 데는 2주에서 4주까지 걸릴 거야, 그러면 의자는 못쓰게 될 거다. 그는 구멍을 낼 거고, 온 데를 누를 거야. 환자들은 가만히 있지 못하고 이리 누웠다, 저리 누웠다 하지 않니."

"그게 바로 좋은 점이에요. 그러면 전체에 고루 하중이 갈 테니까 구멍을 낸다는 것은 말도 안 돼요. 설사 그렇다 하더라도, 무언가를 얻으려면 투자를 해야지요. 그는 우리가 최선을 다하는 것을 볼 것이고, 제가 아는 한 그의 마음은 움직일 거예요. 그는 그 나름의 고귀함을 갖고 있거든요. 너무 많은 것을 그 사람한테 요구하면 안 돼요."

이 대화가 오고 간 바로 그날 후고 그로스만은 뫼링네의 좋은 방으로 옮겨졌고, 긴 의자에 눕혀졌다. 그는 그곳과 썩 잘 어울렸다. 그의 옆에 작은 탁자가 놓였고 탁자 위에는 헬리오트로프[71]가 있었다. 그렇지만 향이 너무 짙어서 흰 과꽃으로 대체되었다. 초록색 포도 잎 위에 오렌지 두 개가 놓였다. 그 옆에 종이 있었으나, 이것은 단지 장식품이 되었다, 이는 두 모녀가 항상 옆에 있어서 사용할 필요조차 없었기 때문이다.

---

71 양꽃마리.

의사는 이렇게 위치를 옮긴 것에 무척 만족하여, 후고와 단둘이 있게 되자, "좋은 사람들"에 대해 온갖 친절한 말을 하면서, 그들의 모든 행동에서 바로 진정한 교양, 마음의 교양이 드러난다고 말했다. 마틸데 양에겐 여하간 상당한 교양이 있는데, 그녀를 자주 겪어 보면 그렇다고 말했다.[72]

바깥 현관방에 서서 모녀는 환자가 무엇을 해도 되고, 하면 안 되는지 이것저것 물어보았다. "항상 빛을 어스름하게, 가장 좋은 것은 정신적으로도 어스름 속에 있는 겁니다."라고 의사가 말했다.

"그렇지만 그와 이야기는 해도 되겠지요?"

"물론이죠, 뫼링 부인. 하고 싶은 이야기는 뭐든지요. 단지 흥분하게 하는 이야기는 말고요."

"아이고 맙소사, 제가 어떻게 흥분시키는 이야기를 할 수 있겠어요……"

"그리고 책은 읽어 주어도 되겠지요?"라며 틸데가 말을 가로막았다. 그녀는 "흥분시키는 것"에 대해 계속 말을 하려는 어머니를 보았기 때문이다.

"네, 됩니다. 그렇지만 너무 많아도 안 되고 무거운 것도 안 됩니다."

그들이 다시 후고의 방으로 들어갔을 때, 틸데는 그에게

---

72 초판에는 "거의 아름답다."라는 부분이 있음.

의사가 허락한 것을 말해주었다. 저녁에는 종 모양의 녹색 전등갓으로는 충분하지 않으며, 항상 녹색[73] 전등 불빛 하나만을 사용하고, 원하면 그에게 책을 읽어 줄 수도 있는데, 하루에 세 번이나 네 번 정도로, 반시간을 넘기면 안 된다고, 말해주었다.

후고는 기뻐서 고개를 끄덕였다. 아파서 누워있는 것이 차츰 지루해지기 시작했기 때문이다. 그리고 틸데가 "어떤 책을 원하는지. 책은 차고 넘쳐요."라고 말했을 때, 그는 예, 낙원이 나오는 졸라[74]의 작품이요. 이걸 몹시 듣고 싶어요, 낙원이 묘사되는 그 부분을 읽을 차례라고 했다. 물론 그 속에는 어떤 것이 많이 나오는데, 틸데 양에게 그런 무리한 부탁을 해도 될지 모르겠다고 말했다.

틸데는 재빨리 오를레앙의 처녀와 뒤느와에 관해 나눈 짧은 대화를 기억해내고 하는 말임을 간파했다. 그때 그녀는 그 "악한"을, 여하간 아주 능숙하게 거부했고, 그때 그녀가 도덕적인 입장을 굳혀야만 한다고 믿었다면, 지금은 도덕적인 것, 항상 좁고 소심하고 소시민적인 것으로 이해되는 좁고 작은 것의 활시위를 더는 팽팽하게 당겨서는 안 된

---

73 자연에 가까운 색으로 심신에 안정을 가져다주는 것으로 해석.

74 에밀 졸라, 《무레 신부의 과오La faute de l'Abbé Mouret》(1875), 루공 마카르 20권 연작의 일부. 낙원에서의 사랑의 환희를 묘사한 부분을 언급.

다는 느낌을 받았다. 그래서 그녀는 긴 의자의 발치쯤에 서서 도덕적인 진지함이 어린 눈초리로 그를 바라보며, 파라다이스가 묘사되었다면 거기에 원죄에 관해 나오더라도 이것은 물론 포함되는 것이니 자신은 상관없다고 말했다. 자신은 그렇게 저급한 관점을 갖고 있지 않다. 여자는 물론 자신을 지켜야 하고, 이는 살아가는 데에서나, 대화 중에 그리고 연극 속에서도 그러하다. 그리고 모든 것을 보려 하거나 들으려 해서도 안 되는데, 이는 호기심이 바로 유혹이기 때문이다. 그렇지만 소녀는 지나친 내숭으로부터도 자신을 지켜야 한다. 자신의 감정이 말하기를, 여기에 최대 강점이 큰 일 앞에서 문제가 되더라도. 그리고 이는 연극이나, 소설에서만 그런 것이 아니라 책을 읽을 때나, 성서 강독에서도 그러하다. 그녀는 예전에 메서슈미트 목사에게 성경 구절을 소리 내어 읽어야만 했는데, 그 속에도 끔찍한 이야기들이 나왔었고, 그녀는 아직도 그것을 생각하면 무서워진다. 그렇지만, 항상 그녀가, "이제 그 부분"이 왔음을 알게 되면, 정신을 차리고 단어들을, 마치 루터처럼, 아주 분명하고 또렷하게 강조하면서 읽었었다, 하고 말했다.

후고는 그냥 고개를 끄덕였고, 볼레 박사가 틸데에 대해 한 말이 옳았음을 확인했다. 모든 게 얼마나 올바르고, 교양 있는가. 그는 그녀가 용감하고 깨어 있는 견해를 갖고 있음에 기뻤다. "정말 묘한 여자야. 그다지 예쁘지는 않아, 우연히 그녀의 옆얼굴을 보지 못하면. 그렇지만 영리하고 용감해, 진짜 독일 아가씨라고 말하고 싶어. 심지가 있고, 누구든 행복하게 해줄 존재야. 그리고 정신적으로나 도덕적으로나 커다란 내면성을 갖고 있어. 보석이야."라고 그는 평가했다.

8장

이 시간 이후 후고의 생각은 이런 방향으로 흘렀고, 크리스마스 일주일 전 그는 다시 자신의 방으로 옮겨졌다. 이것은 그날 이후를 계산할 줄 모르는 뫼링 부인에게는 어느 정도의 보상이 되었고, 후고는 틸데가 바로 자신에게 맞는 여자임을 확신하게 되었다. 그는 스스로를 미학적이라고 느끼며 잠재적인 시인의 힘을 지닌 사람으로 여기고 있었지만, 삶에서는 아주 겸손한 사람이었다. 아니, 거의 비겁하기까지 해서 자신의 지식이나 능력에 대해 아무런 자신감이 없었다. "난 쓸모없는 식충이야."라고 리빈스키에게 말했던 적이 있다. 이에 대해 리빈스키는 웃으며 확신에 차서 위로했다. "그렇다면 지금이 최고로 맛있겠군." 후고는 분명한 슬픔으로 이를 받아들였다. 자신에 대한 그의 평가가 옳고, 맞기 때문에, 틸데가 자신에게 어울린다는 것도 옳다. 그녀는 자신에게 부족한 것 바로 그 자체였다, 즉, 그녀는 활기차고, 영리하고, 실용적이었다. 그는 크리스마스 전에 그녀의 승낙을 받아두려 했다. 그는 거절당하지 않으리라는 확신이 있었다. 어쨌든 그는 수염이 있는 시장 아들이고, 이에 반해 틸데가 출신에 대한 자부심을 포기해야 한다는 것 정도는 잘 알고 있었기 때문이다.

후고가 다시 방을 옮긴 그날 저녁, 틸데가 차와 얇게 썬 햄을 가지고 왔을 때 그는 "틸데 양"이라고 말했다. "틸데 양, 당신은 항상 변함없이 나에게 친절하군요. 내가 아직은 모든 게 힘들 거라는 생각에 햄을 썰어 왔군요. 당신은 나를 돌보고 수발해 주었고, 몇 주 동안이나 한 남자가 인생에서 얼마나 행복할 수 있는지 보여주었어요. 인생에서 제일 필요한 것은 사랑스러운 손길이에요. 그렇지만 먼저 차를 저쪽에 두어요…… 그리고 당신의 사랑스러운 손을 이리 줘요. 이 작은 손을, 그리고 창가로 가서 나와 함께 저기 경치를 봅시다. 달을 가리다가 물러나면서 스스로 밝아지는 구름을요. 아마 그 의미가 드러나겠지만, 그것이 아니라도, 당신에게 묻겠습니다. 당신의 작은 손을, 이건 작은 손이니까, 앞으로도 계속 잡고 있어도 될까요, 더 오래, 평생."

그녀는 금방 답을 하지 않았고, 오히려 차양을 내리는 것에 몰두했다. 그러고 나서 그의 팔을 부축해서 창가에 있는 등이 높은 소파로 데리고 갔고, 자신은 두 손으로 탁자를 짚으며 차 쟁반을 사이에 두고 그의 반대편으로 가서 말했다. "당신은 아직 완전히 낫지 않았어요. 목소리가 병 때문에 여전히 떨리고 있다는 걸 알 수 있어요. 그리고 방금, 달에 대해서 말씀하셨는데, 그로스만 씨, 달은 당신에게는 아무것도 아니에요. 당신에게는 태양이 필요해요…… 태양이 힘을 더해 주죠."

"그럴지도 모르지요. 그렇지만 그건 답이 아니에요, 틸데 양. 당신은 내게 네, 아니요, 로 말해야 해요."

"정 그렇다면, 좋아요. 비록 오래 걸리겠지만요, 아주 긴 약혼일 거예요."

"구식으로 하자면야, 그렇겠지. 그러나 신식도 있어요."

"리빈스키식이요?"

후고는 침묵했다. 그녀가 그의 생각을 간파했기 때문이다. "아니, 후고, 그건 안 돼요. 그러면 전 제 대답을 취소하겠어요. 전 세상을 돌아다니면서 당신에게 왕의 외투를 입히지[75] 않을 거예요. 전 차라리 진지하고 격에 맞는 형식과 종교적인 것을 원해요. 만약 하게 되면, 시청에서 하는 것[76]

---

75 필라투스의 재판 후 예수에게 면류관과 보라색 가운을 입혀 조롱한 것을 빗대어 사용되는 표현.

76 1875년 이후 프로이센의 제국법에 도입된 세속적인 혼인신고.

은 안 돼요. 제가 말하려는 것은 모든 것이 그 나름대로 격식이 있어야 한다는 말이에요. 전 당신이 열심히 해서 당신 사랑을 증명해 주길 원해요. 먼저 국가고시에서요. 다른 것은 차차 될 거예요. 그건 제가 알아서 할게요. 그렇지만 우선 어머니에게 말씀드려야 하겠지요. 아니, 오늘은 하지 말아요, 당신은 아직 일어서지 못하잖아요. 제가 직접 말할게요. 오늘 저녁 잘 때요. 당신은 내일 일찍 오세요. 어머니가 기뻐하실지는 모르겠어요. 그렇지만 허락하실 거예요."

그녀는 여느 때처럼 작은 찻주전자를 그의 앞에 놓았고, 다른 것은 쟁반에 그대로 있었다. 모든 것을 정리하고 이불을 정돈한 후, 그녀는 쟁반을 왼쪽 팔 아래에 끼고 그의 이마에 입을 맞추었다.

그는 아마도 분명하지 않은 신랑의 권리와 의무감으로, 그녀를 붙잡고 그녀의 얇은 입술에 열정적인 키스를 하려 했다.

그러나 그녀는 그를 피했다. 문에 서서 그녀는 입술에 집게손가락을 대고는 키스를 보냈다.

"모든 게 소녀 같아." 후고가 말했다.

잠자리에서 할 계획이었던 대화가 이루어졌고, 아무런 주저 없이 바로 이렇게 시작되었다. "어머니, 아세요?"

"무얼 말이니? 틸데?"

"저 그 사람과 약혼했어요."

어머니는 마치 유령처럼 몸을 일으켰고, 틸데를 바라보며 말했다. "맙소사, 그럼 난 어떻게 되는 거냐?"

"아무것도요, 어머니. 어머니는 그냥 그대로 계세요. 단지 식구가 하나 줄어들 뿐이에요. 어머니가 필요한 게 있으면, 제가 보내드릴게요."

"그래, 그 사람이 그렇게 할 수 있니? 뭐 가진 거라도 있는 게냐?"

"아직 아니에요, 어머니. 그렇지만, 제가 그냥 그를 갖게 되면, 다시 말해서 신과 사람들 앞에서 제대로 약혼을 하면, 그럼 차차 뭔가 되어갈 거예요. 그는 마치 단상에 서 있는 것처럼 보이잖아요. 그런 사람은 어디엔가는 도착하기 마련이에요. 제가 그렇게 만들 거예요."

"정말 약혼한 거니? 그냥 말로만 한 건 아니지? 그러고 나중에 버림받아서 정말 가난하고 불행한 여자로 남는 건 아니겠지……"

"무슨 말인지 모르겠군요, 어머니. 아버지는 항상 말씀하셨어요. '틸데, 정갈하거라.' 제가 그대로 하지 않았나요? 그런데 어머니는 항상 그런 이야기들을, 그렇게 빙 돌려서 말하는 바람에 무슨 뜻인지 알 수가 없잖아요. 그렇지만 전 알아요. 그리고 분명히 하는데, 전 그렇게 멍청하지 않아요. 그는 제게 키스하려 했고 아직 낫지 않아서 그런지 아주 열정적이었어요. 그렇지만 전 그를 자제시켰어요."

"잘했다, 틸데야. 그럼 언제 그걸 알릴 수 있을 것 같으냐? 아니면, 아주 조용히 비밀로 해야 할까? 다른 사람도 아는 것이 훨씬 좋지. 그 사람이 생각을 바꾸면, 더 불편해질 텐데."

"아니, 생각이 달라지다니요, 그럴 수는 없어요, 그리고 그는 그러지도, 그러려고 하지도 않을 거예요. 그는 내일 아침 일찍 어머니에게 물어볼 거예요. 그러면 좋은 말씀을 하시고 졸아들거나 불안해하지 마세요. 우리가 그 사람을 기다리지 않았다는 것을 그 사람이 알아야 해요."

"그래, 네 말 맞다. 그런데 내가 무슨 말을 할 수 있겠니? 네가 적당히 할 말을 찾아주어야겠구나."

"그건 안 돼요, 어머니. 어머니는 무심코 적당치 않을 때 그 말을 해버리시잖아요."

"그래, 그럴 수 있겠구나. 그럼 난 그냥 '신이 너희와 함께 계시길' 하고 말하련다."

"좋아요. 그렇지만, 그 사람에게 금방 말을 놓으시면 안 돼요. '너'라는 호칭은 격식대로 우리가 제대로 약혼한 후에나 쓰는 거예요. 전 크리스마스 때쯤으로 생각해요. 전 항상 크리스마스트리 아래에서 하는 걸 원했어요. 그건 정말 멋있고, 어느 정도 교회에서 하는 것 같거든요. 그리고 맛보기도 되고요. 그러니까 제 말은 결혼식 전에 말이에요. 어머니 앞에선 항상 조심스럽게 표현해야 하는군요. 어머니는 곧 생각하길……"

다음 날 아침 후고는 정식으로 틸데에게 청혼했고, 어머니는 아무 말도 하지 않았다. 단지 고개를 계속 끄덕이면서 후고의 손을 쓰다듬었다. 그게 어쨌건 최선이었다. 그러고는 후고가 자신의 방으로 돌아갔고, 이제는 평소보다 더 드물게 틸데를 보게 되었다. 가능한 한 모든 일이 룬첸에게 돌아갔다. 어쨌든 이 일에는 어려운 점이 많았는데, 그때가 습한 날씨여서 룬첸의 옷매무새는 아주 형편없는 정도와 수준으로까지 떨어졌다. 물론 깨끗한 앞치마는 준비되었지만, 그녀와 거의 한 몸이 된 차양 넓은 모자는 벗어야만 했다. 그렇다고 이것이 많은 도움이 되었다고 할 수도 없었다. 오히려 룬첸이 이런 날씨에 신는 남자 장화가 하얀 앞치마와 모욕적인 대비를 이루었다.

틸데가 이 모든 것을 놓칠 리 없었지만, 비교적 사소한 이런 일과 씨름할 시간이 없었다. 왜냐하면, 크리스마스트리 아래에서의 약혼식이 나흘 후로 다가와서 무척 바빴기 때문이다. 작은 모임이 될 텐데, 어떤 사람들을 초대해야 할까? 순간 슐체네와 1849년 바덴 항쟁[77] 때 전사한 페터만 대위의 부인도 고려되었지만, 틸데는 이 두 가지 계획을 다 포기했다. 슐체는 너무 부유해서 그들은 아마 자신들에게서 무언가를 바라거나, 그들과 함께 잘난 척하려 한다고 생각할 수 있다. 그런 상황은 그리 오래되지 않았다. 그녀, 즉 재정고문관 부인은 수출업에 대해서는 아무것도 몰랐다. 그녀는 만하이머[78]에 갔고, 그게 다였다. 그리고 페터만 부인은 지지리 가난했지만, 사람을 깔보고, 교양 있는 듯이 말했다. 이것은 그녀가 예전에 재단사였기 때문인데, 물론 이 사실은 아무도 몰라야 했다. 간단히 말해, 틸데는 자신이 아는 사람 중에 아무도 고를 만한 사람이 없음을 알게 되었다. 그래서 후고와 얘기 끝에, 후고의 나이든 사촌을 초대하기로 의견을 모았다. 그는 미장이와 건축가 중간에 있는 특이한 천재로, 20년 전부터 어느 미망인의 연인이었다. (이런 상황이 그의 인생을 결정했다) 이 사촌은 그로스만보다 카롤리네 필혀[79]에 더 가깝다고 후고가 말하곤 했다. 이렇게 정

---

77 1849년 바덴 지방에서 자유주의 세력이 보수 세력에 저항해서 일으킨 독일 혁명의 시작이자 끝.

78 베를린 최초의 백화점.

79 오스트리아의 여성 작가(1769-1843), 3월 전기에 빈의 문화 살롱에서 중요한 역할을 한 여성 작가. 베를린 말로 사촌의 음주벽을 반어적으로 빗대어 말함.

신적인 음료에 꽂힌 사촌은 적당한 인물이다. 왜냐하면, 그는 분위기를 망치는 사람은 아니기 때문이다. 그 밖에도 물론 리빈스키를 초대해야 한다. 열 시쯤, 틸데는 이전에 결정한 대로 슐체에게 가서 자신을 예비 신부로 소개했고, 게다가 겸손하게, 재정고문관과 그 부인에게 축복해 줄 약 십오 분 정도의 시간이 있는지 물어보려 했다. 이것은 틸데가 이미 결정한 사항을 절반 정도 수정한 내용이었다. 나이든 뫼링에게는 원래의 결정을 절반 정도 수정한 이 안을 실행하는 것이 약혼식 자체보다 더 중요했다. 집주인은 항상 가장 중요한 문제니까. 신랑감은 결국 별것이 아닐 수도 있지만, 슐체 부부의 일은 항상 중요하다. 리빈스키에게 보내는 편지는 물론 후고가 썼다. 리빈스키가 찾아왔고, 자신의 예비 신부도 데려와도 된다면 오겠다고 약속했다.

"자네 신붓감인가?" 그로스만은 놀랬다. "자네 약혼했나?"

"물론, 내가 데뷔한 뒤로. 우리는 아주 잘 맞아. 물론 그런 건 되돌릴 수도 있겠지만 말이야. 그리고 혹시 그런 말을 듣게 되면……"

"알겠네. 이해했네. 그녀를 자네의 약혼녀로 소개해도 되겠나?"

"제발 부탁이네."

9장

24일이 왔고 또 지나갔다. 약혼이 선언되었고, 여섯 명의 하객들은 예외 없이 모두 즐거워했다. 틸데의 요청을 받은 슐체도 파샤[80]가 된 듯한 기분으로 자신의 백성을 기쁘게 하려고 뫼링의 작은 집에 나타났고, 30분 동안이나 제공된 음식과 음료 등 모든 것에 대해서는 나서지 않았지만, 리빈스키의 예비 신부에게는 점점 더 친밀하게 대했다. 리빈스키는 웃었고, 신성한 권리가 이렇게 침해된 적이 없으며, 재정고문관과 결투라도 해야겠다고 짬짬이 확언했다. 그리고는 마침내 늦어도 새해에 재정고문관과 부인을 그러나 예비 신부 없이 혼자 방문하겠다고 약속했다. "재정고문관 부인이 어떻게 나오실지는 아무도 모르는 겁니다."라고 그는 새로 친구가 된 슐체에게 속삭였다. 슐체는 눈으로 윙크했다.

먼저 사촌인 건축가가 약혼한 신랑 신부를 위해 축사를 시작했다. 건축하는 사람으로서 결혼도 하나의 건축물로 본다면 약혼은 결혼 앞에 있는 작은 방으로 볼 수 있다고 해도 그다지 놀라지 말라고 했다. "기초는, 하객 여러분, 바로 사랑입니다. 여기에 있는 이들이 그것을 증명해 주었습니다. 그리고 건축물을 영원히 지탱하는 회반죽은 바로 믿음입니다."

---

80 오스만 제국의 높은 관리를 지칭.

슐체는 고개를 끄덕였다. 리빈스키는 "브라보"를 외쳤고, 슐체 옆에 서 있는 자신의 약혼자를 향해 손짓으로 위협했고, 슐체에게는 그 자리에 있으라는 듯이 검지로 찌르는 동작을 했다. 사촌인 건축가가 계속 말했다.

"회반죽이라고 제가 말했지요. 그렇지만 최상으로 짜 맞추어진 건물에도, 인생에서 수반되는 흔들림을 대비하는 고정쇠와 지주가 필요해요. 그리고 그것은 바로 우리와 같은 친구들입니다. 물론 좋은 집에는 장식품도 있어야 하고, 벽 선반에는 사랑스러운 작은 물건이 있는 것이 보기 좋지요. 이탈리아 사람들이 푸티라고 부르는 아기 천사들 말입니다. 저도 제가 너무 앞서가는 건 알고 있습니다. 그렇지만, 이런 기쁜 시간에는 미래에 대한 밝은 조망도 있어야겠지요. 자, 신랑, 신부 만세, 미래 만세, 아기 천사 만세."

리빈스키는 연사를 껴안았고, 기분 좋은 오라토리오 같은 재능의 은밀한 매력에 대해, 그것은 젊음의 샘과 같다, 그러니까 페가수스의 말발굽 한 번에 샘물이 솟았다고 말했다. "이런 말발굽을 가진 분에게 축복이 있기를."

자정 무렵에야 사람들이 떠났고, 나이든 룬첸의 날씬한 딸은 손님들을 아래까지 배웅했다. 그녀는 역의 짐꾼과 결혼을 했는데 외투를 받아 거는 것과 몬필렌[81]을 내는 일을

81 슐레지엔 지방의 음식, 양귀비 씨앗과 우유, 밀가루로 만든 음식.

거들었다. 슐체도 자신의 특수한 지위를 이용하지 않고, 자신의 집에 들어서는 첫 계단에서 몸을 돌려 그녀에게 팁을 주었다. 이런 문제에 있어 모든 것이 점잖게 진행되었고 나이든 룬첸과 그 딸은 위층에 오자마자 서로 수입을 나누었는데, 젊은 룬첸은 매우 예의 발랐다. 그러나 노인네는 손을 보탠 모든 것에 대해 기분이 나빴고, 절반으로 만족하지도 않았다. 절반은 절반일 뿐이고, 다는 아니니까. "너는 그게 그다지 필요한 건 아니잖니, 울리케."라고 노인네는 말했다.

"맙소사, 어머니, 어머니의 한쪽 눈으로 아래를 밝힐 수는 없잖아요. 어머니가 먼저 넘어지고 등도 떨어지겠지요. 그러면 다른 것도 넘어져요. 어머니는 항상 눈이 하나라는 것을 잊고 계세요. 어떤 사람들은 무서워하기도 해요. 대체 무슨 생각을 하는 거예요! 어머니가 길을 밝혔더라면, 늙은 슐체가 사례했겠어요? 제 말은요, 그 사람은 자신이 부리는 사람을 제대로 관찰한다니까요."

어머니와 딸은 한참을 침대에 앉아 있었다. 이야기할 게 많았다. 어머니에게는 슐체가 주인공이었다. 그는 다른 사람들보다 더 멋있게 행동했으며, 있는 사람이라는 걸 다들 알아챘을 거라고 말했다. "어떤 느낌이란 게 있는데, 그가 바로 그걸 갖고 있어."

"아이, 어머니는 그런 건 이해하지 못해요. 슐체는 유일하게 모임과 어울리지 않는 사람이었어요. 우리에 대해서는 말하지 않겠어요. 그렇지만 다른 사람들은. 그래요, 모두 세련된 사람들이고, 대학공부를 했고 예술에 대해서도 알아요. 사촌도 마찬가지예요. 뭔가를 짓는다는 건 바로 예술이에요. 작은 앞방에 대해서만은 말하지 말았어야 했는데, 그리고 아기 천사는 정말 아니에요. 하지만 바로 거기서도 알 수 있어요. 세련된 사람들, 그들은 그렇고, 모든 걸 유희하듯 다루지요. 스투베 박사가 말했듯이, 항상 진정한 진지함은 없어요. 그렇지만 항상, 누구나 말할 수 없는 것을 말하죠. 그리고 슐체는. 맙소사, 그가 리빈스키의 신붓감에게 그런 이상한 말들을 하지 않았더라면, 그걸 빼면 그는 아무 말도 하지 않은 거나 마찬가지예요. 아무것도 먹지 않는 것도 세련된 게 아니죠. 단지 척하는 거죠. 자신의 집에서도 더 좋은 음식은 먹지 않을 텐데 말이죠. 그런데 어머니는 그의 커다란 커프스단추만 계속 쳐다봤죠. 그리고 와이셔츠 앞부분에 돌이 두 개나 박혀 있고, 그가 집주인이라서 뭔가 세련되었다고 생각하는 거죠. 제가 그 사람을 올라오게 한 건, 단지 제가 여길 떠나면 어머니가 그를 감당해야 하기 때문이에요."

"그래, 그게 언제쯤일 것 같으니?"

"제 생각에는 성 요하네스[82]날 일 거예요."

"벌써 뭔가 있는 거니?"

"아뇨, 아직요. 그렇지만, 그렇게 되도록 해야죠. 내일과 모레는 휴일이에요. 그럼 신문은 휴간이죠. 그렇지만 세 번째 휴일 석간에 기사가 날 거예요. 우린 지금 약혼했고, 이제 제 차례고. 전 해낼 거예요."

나이든 룬첸은 결국은 마음을 가라앉히고, 울리히가 아주 예의 바르게 행동했다고 인정했다. 그녀는 돈을 나눌 필요도 없었을 테고, 아니면 속일 수도 있었을 텐데, 그러기에는 액수가 너무 많아서 그럴 생각을 못 했을 거라고 인정했다. "어쨌든 원래 그 애는 착한 아이지. 자기가 풍성하게 땋은 금발이라는 생각만 한다니까. 룬치[83]는 원래 검은 머리였고 나도 진짜 어두운색이야. 그들은 항상 '검은 머리 여자'라고 했지. 그건 그러니까 운명이었던 게지." 노인의 생각은 이런 방향으로 흘렀고, 화해하려는 마음이 앞섰다. 비록 마음이 꼬였다 하더라도 이런 마음은 오래 가지 못했을 것이다. 왜냐하면, 그녀는 다음 날 아침 일찍부터 슐체의 집 전체와 이웃에게 특별히 주목받는 대상이 되었기 때문이다.

---

82 세례 요한의 생일 6월 24일.

83 룬첸의 단수형, 남편을 가리킴.

모두가 무언가를 알고 싶어 했고, 어디를 가든 사람들은 약혼식이 어땠는지 듣고 싶어 했다. 논리적으로 이해할 수 있는 것은 아니라는 데 모두가 동의했다. 그렇게 고상한 신사, 대학공부까지 한 남자와 이 희멀건 낯빛의 틸데라니. 게다가 틸데는 예전에 여드름도 있었다. 그녀는 매일 아침 헤렌스네에서 청소하고 오수를 내다 버려야만 했는데, 이제 예비 신부라니. 신이 그 결함을 눈여겨보기도 전에, 저렇게 예비 신부가 되어 공단옷에 미르테[84]를 들고 서 있다니. 이건 건물 관리인의 집과 틸데가 샐러리와 등유, 아침 빵을 사는 맞은편 지하층의 반응이었다.

룬첸은 끝으로 페터만 소위 댁에 갔고, 부인이 사고를 당해 전날 저녁 침대에 누워있었기 때문에 이야기꽃을 피울 수 있었다.

"맙소사, 사모님, 아직도 누워 계시는군요, 도대체 뭔 일이에요?"

"아이고, 룬첸, 지금은 좀 나은 거야. 하지만 네 시까지 잠을 이루지 못했어. 통증이 너무 심해서……"

"여기요?"

"아니, 거기 말고. 이번엔 아냐. 내가 일어나서 차가운 바

---

84 도금양으로 만든 화관. 공단과 《구약성서》에 나오는 식물, 도금양(미르테)은 엄숙한 예식과 신부의 순결함을 상징.

닥을 디뎠거나, 바깥의 찬바람을 쏘였다면 탈이 났겠지. 아니, 여기…… 이번엔 치통이야. 어금니 반쪽이 날아가 버렸어."

"아니, 어떻게요?"

"그러게 말이야. 내가 크리스마스트리에 촛불을 켜고, 그 아래에 그이 사진을 놓고 그이 편지를 다시 읽으려 했어. 아니 첫 번째 편지만 말이야. 그때 그는 내게 미쳐있었지. 그랬어. 내가 이렇게 앉아서 읽으면서 접시를 당겨서 간식을 먹기 시작했지. 먼저 작은 마르치판[85] 조각, 그리고는 페퍼누스[86], 슈타인플라스터[87]였는데, 하필 아몬드가 있는 자리에 아몬드 껍질 조각이 있었지 뭐야. 그건 안 보여. 모든 게 같은 색깔이잖아. 너무 세게 씹어서 그만 이가 절반이나 날아가 버렸어."

"그러곤 삼키셨어요?"

"아니, 거기까지 가지는 않았어. 어쨌든 금방 아프기 시작했고, 너무 놀라 삼킬 수가 없었어. 아직도 뭔가 박힌 듯이 아프다네. 난 뜨개바늘을 가지고 왔지. 그런데 더 심해지는 바람에 거의 소리를 지를 뻔했어. 따뜻한 물이 화로에 있

---

85 아몬드와 설탕을 함께 갈아서 만든 페이스트.

86 여러 가지 향료와 견과류가 든 과자.

87 베를린 과자, 과일과 견과류가 든 과자.

어서 다행이었지. 난 입을 헹구고 또 헹구었어. 그러고 나서 좀 가라앉았어. 그런데, 룬첸, 말해보게. 어땠어? 여기, 아니 너무 가까이 오지 말고, 화로 곁에 앉게. 아직은 온기가 남아 있을 거야."

"네, 부인, 어땠냐고요? 아주 훌륭했지요. 재정고문관 슐체 씨도 오셨어요……"

"그 여자랑?"

"아뇨."

"그래, 그럴 거라 생각은 했어. 그는 그다지 행동이 명확한 사람이 아니고, 그 부인은 다른 여자들처럼 평판을 중요시하지. 그리고 또 누가 왔었지?"

"네. 이름은 잘 모르겠어요, 부인. 다른 예비 신부도 왔는데, 벨라 양이라 부르더라고요. 사람들이 그 주변에 있었어요. 아주 예뻤거든요. 슐체 씨도 그렇게 생각하시는 것 같았어요. 그 여자분이 울리케에게 뭘 주었는지 아세요? 그 애도 있었고, 길을 안내했거든요."

"그걸 어찌 알겠나."

"그분이 제 딸에게 진짜 1탈러를 주셨어요."

"아니, 말도 안 돼."

"아니에요, 부인, 정말이에요. 울리케는 제게 모든 걸 말했지만, 더는 말하지 않았을 거예요. 저랑 돈을 나누어야 했거든요. 제 말은 꼭 그래야하는 건 아니고요. 울리케가 등불을 내려놓고 문을 열려고 하니까, (그 아가씨가 말했어요) '한스, 당신 지갑 이리 주어요.' 그러고는 탈러를 꺼내고 말하길, '우리 내일 계산해요.' 이 말을 슐체 씨가 듣지 못한 게 안타깝네요. 아니, 그건 좋지 않은 일인지도 모르겠어요. 슐체 씨는 그 전에 이미 갔고, 혼자 온 게 그분에게는 아마 잘한 일인지도 모르겠어요."

"그런데 예비 신부는 어땠어? 뭘 입고 있었어?"

"장식을 단 연보라색 비단 드레스요."

"그리고 아주 부드러웠겠네? 틸데 양 같은 사람은 때가 되면 아주 상냥해지잖아."

"그건 모르겠네요, 부인. 전 아무것도 보지 못했어요. 그 집은 원래 모든 것을 볼 수밖에 없게 되어있는데. 마치 템펠호프의 들판처럼요, 커튼도 없고, 휘장도 없죠. 그리고 여기 저기에 등이 있죠. 틸데 양은 항상 그릇들 주위에 서서 울리케가 없으면, 시중을 들었어요. 그리고 후고 씨는 어쩐지 거기에 서서, 불편한 듯 앞을 보고 있었죠. 그리곤 나이 든 사람이, 물론 아직 슐체 씨처럼 늙지는 않았지만, 예비 신랑, 신부에게 축배를 들 때, 그다지 마음에 들지 않는지, 기분이 나빠 보였어요."

"무슨 말인지 알겠어."

"아니면, 마치 그곳에 없는 듯이 그냥 서 있었죠. 아마도 그가 아팠었기 때문인지도 모르죠. 여전히 조금 말라 보였거든요. 아니면 정말 아픈지도 몰라요."

"맞아, 그는 아직 완쾌되지 않았어…… 그리고 자네 갈 때, 슈타인플라스터를 가져가게. 아직 나무 옆에 있어. 그리고 자네도 조심하게."

"아이, 사모님, 전 그런 게 무섭지 않아요."

틸데는 다음 날 아침, 좀 흥분해 있었다. 이제 그녀는 예비 신부이고, 다른 일들은 절로 해결될 것이다. 그녀가 단순히 차를 끓이고 식사 주문을 받는 틸데 양이었을 때 상황은 상당히 어려웠다. 그렇지만 지금은 말을 하고 행동할 권리가 있다. 연극 작품 따위는 바보 같은 짓이고, 책만 읽는 것도 마찬가지이다. 리빈스키와 그 약혼녀, 이것도 물론 그녀에게는 뻔히 들여다보이긴 했음에도 불구하고. 이들은 그녀의 마음에 들었다. 그렇지만, 이들은 짧게 혹은 길게 보면 제거되어야 할 사람들이다. 리빈스키는 위험 요인이다. 게다가 복잡하기까지 하다. 선제 조치는 아직은 필요하지 않다. 목적을 달성하기 위해서는 리빈스키와 좋은 관계를 유지하는 것이 특히 필요하다는 것을 그녀가 알았기 때문이다. 후고를 어떻게 훈련해야 할지 계획이 서면, 후고의 의욕과 사랑이 지속하도록 항상 당근을 비축해 두는 것이 필요하다는 것이 확실해졌다. 그러기에 리빈스키는 안성맞춤이었다. 강제로 하지 말고, 서두르지도 말자. 모든 것을 쉬어가면서 해야 한다.

그녀의 자연스러운 감정으로는 첫 번째 휴일을 놓쳐서는 안 되었다. 그날 예비 신랑과 함께 미래에 관해 이야기하고 확실한 계획을 세워야 한다. 그러나 영리한 그녀는 약혼식 바로 다음 날인 동시에 첫 번째 크리스마스 날을 이런 문제에 끌어들인다면, 거기에는 뭔가 건조함과 단조로움이 있을 거라고, 생각하게 되었다. 그래서 그녀는 자신을 억누르고 그에게 일주일의 크리스마스 휴가를 주어서 조금이라도 즐겁게 해주자고 마음먹었다. 안락한 것에서도 얼마나 그가 운이 좋은지, 그리고 틸데도, 그의 소망에 잘 맞출 줄 안다는 것을 그가 알아야만 한다. 휴가 주간이 끝나는 날, 그녀는 단조로움을 끼워 넣을 것이다. 행복이나 만족에 대한 그녀의 프로그램이 실행되지 않는다면, 그들의 결혼이 성사되는 것은 꿈도 꿀 수 없다는 것을 지적하면서.

10장

아, 휴가 기간! 틸데는 몰라보게 변했고, 돈을 물 쓰듯 했다.

"후고, 지금이 우리의 신혼 기간이에요. 이 단어를 써도 된다면요. 아직 거기까지 가진 않았지만 그러고 싶어요. 이런 기억을 갖는다는 건 아름다운 것이고, 우리가 나이 들어 이때를 이야기할 수 있다면 좋을 거란 생각이 들어요. 그러려면 모든 게 햇살 같아야 해요. 그러니 우리 제대로 즐겨 보아요."

후고는 틸데의 손을 잡고, "맞아요, 틸데. 당신이 그렇게 말하다니 기쁘군. 난 당신이 기쁨이나, 무위도식의 달콤함, 그런 것에 별로 취미가 없다고 생각했어요. 이런 것들이 정말 남게 되는 제일 좋은 것인데 말이야."

틸데는 그에게 다른 것을 가르쳐주는 것은 그다지 영리하지 않다고 생각했다. 그녀는 상냥하게 웃기만 했고, 후고는 계속 말했다. "난 당신이 항상 의무와 질서, 그리고 배움에만 치중한다고 생각했었어. 그런 것들이 좋긴 하지만, 나를 불안하게도 한다오. 아무리 좋은 것이라도 그 정도가 과할 수 있기 때문이오. 그런데 지금은 내가 쾌활하고 삶을 즐기는 신붓감을 맞았다는 걸 알아요. 그것이 내겐 중요한 일이요. 자, 말해 봐요, 오늘 우리 뭘 할까? 그렇다고 너무 소심하게 굴지 말고, 돈이나, 부족한 형편 같은 것은 이야기하지 말아요. 약혼했으니까 아무것에도 불안해하면 안 돼요. 마치 황금 식탁보를 가진 듯한 기분이어야 해요."

"자, 그럼 오페라 하우스의 귀빈석에 가는 게 어때요? 아마도 황제와 마주하게 되겠군요." 그녀가 말했다.

"아니, 틸데, 그런 식으로 말하지 말아요. 어느 정도 숨겨진 조롱은 괜찮지만, 그건 너무 심하지 않소. 당신은 아직도 날 헷갈리게 해요."

"그럼, 우리 크롤[88]에 가서 성탄절 팬터마임을 보죠."

그는 기뻐하며 동의했고, "그럼 어머니는? 어머니도 모시고 가야 할까?"라고 물었다.

"적어도 권하기는 해야겠지요. 아마 거절하실 거예요. 솔직히 저도 당신과 단둘이 있고 싶어요. 그런 것은 둘이서 즐기는 것이 제일 아름답잖아요."

후고는 행복했다. 그는 예비 신부에게서 다른 면을 발견했다. 그것은 그가 처음 고백한 그날 저녁에 기대했던 더 높고 더 섬세한 행복에 대한 비전을 열어주었다. 당시 그는 감사하고 유약하고 감상적인 기분이었다. 거기에는 물론 병마의 흔적이 남아 있었다. 이젠 틸데도 따스한 감정, 아니, 뜨거운 정열을 가질 수 있는 듯 보였다. 그리고 그의 가슴은 부풀어 올랐다.

이렇게 축제 주간이 시작되었다. 그들은 크롤에 갔고, 어머니가 동행했음에도 최대한 즐겼다. 그녀는 처음에는 거절하다가, 《백설 공주와 일곱 난쟁이》 공연이 있을 거라는 말에 생각을 바꾸었다. 틸데는 정말은 기뻤다. 노인에게 기쁨을 주

---

88 1844-1951년 사이 베를린 브란덴부르크 문 근처에 있는 문화의 중심지. 특히 크리스마스 공연이 유명했다고 한다.

는 것은 원래 그녀에게는 다른 어떤 것보다 더 중요했다. "둘이서 즐기자."라는 말은 단지 말뿐이었는데, 이런 말을 후고가 듣기 좋아한다는 것을 그녀는 알고 있었기 때문이다.

두 번째 휴일에 그들은 지붕이 없으나 바람막이가 있는 마차를 타고 샤를로텐 성으로 갔다. 그렇지만, 그들은 큰 도로가 아니라, 루소섬[89]과 노이엔호수[90]를 지나는 우회로를 택했다. 물론 이때도 어머니 뫼링이 동행했다. 그들은 노이엔호수에서 스케이트 타는 사람들을 더 자세히 보기 위해 마차에서 내렸다. 노인을 보는 것은 아주 감동적이었다. 노인은 수많은 국기와 깃발을 보고, 아니 커다란 깃발만 보고도, 즐거워했다. 작은 깃발들은 끈에 매달려 있는 손수건처럼 보인다고 말했다. 뫼링[91]도 그렇게 색색의 수건을 갖고 있었는데, 항상 콧물에 시달리기 때문이라고 말했다.

그렇게 매일 새로운 일이 있었다. 가장 빛나는 일은 레스토랑 힐러[92]의 별실에서 점심을 한 일이었다. 그 자리에는 리빈스키도 초대받았는데, 물론 약혼녀와 함께였다. 노인은

89 베를린의 왕궁 사냥터 티어가르텐 지역.

90 티어가르텐 지역.

91 남편 뫼링.

92 운터 덴 린덴의 고급 레스토랑.

빠졌는데, 티어가르텐[93]을 달린 것과 스케이트 타는 사람들을 더 잘 보려고 너무 오래 눈 속에 서 있었는지, 요통이 생겼기 때문이었다. 후고는 이에 만족했고, 틸데도 이번에는 같은 생각이었다. 힐러는 어머니를 위한 음식점은 아니었기 때문이다.

리빈스키는 최근에 자신이 무대 위에서 거둔 성공을 이야기했고, 친구이자 같은 고향 출신에게 깊은 인상을 심어주었다. 틸데는 이것을 근심스럽게 바라보았다. 그런데 그녀에게도 구원군이 있었다. 예술에 대한 모든 질문을 아주 근사하게 다루는 벨라는 재능이란 단어가 나올 때마다 계속 웃어댔고, 그런 재능이 전혀 없다는 점이 바로 한스를 말할 수 없이 귀하게 만든다고 했다. 재능! 재능 있는 사람들은 너무나 많다. 자신은 새로운 인재에 대해서 들을 때마다 항상 놀란다. 그렇지만, 한스 폰 리빈스키는 단 한 명뿐이다, 라고 말했다. 그녀에게 그는 열 사람의 인재와 맞먹고, 자신은 진정한 인간성의 편이며, 사랑에 관해서는 초인[94]의 편이라고 말했다.

"나의 코진스키가 그녀의 마음을 사로잡았다는 것을 믿지 못하겠어? 내게는 정말 잊지 못할 순간이었어. 바로 그날

---

93 베를린 중심지의 옛 왕궁 사냥터.

94 니체의 '초인'에 대한 비유.

저녁에 우리의 행복이 시작되었다네."라고 리빈스키가 말했다.

"저이가 말하는 것은 사실이에요. 하지만 왜 그랬을까요? 코진스키 역은 바로 그 자신이었어요. 그 역할이 그다지 중요하지 않고, 바다 건너 저편에서 그 역을 제대로 알지 못해서 유감이에요. 그렇지 않았더라면, 나는 이 사람과 같이 미국으로 건너가서, 대륙 횡단을 하고 다시 샌프란시스코에서 나올 때 우린 백만장자가 되어있을 텐데. 매일 폴란드 모자에 은으로 된 박차[95]를 단 코진스키요."

리빈스키는 예비 신랑 신부를 위해 축배를 들었다. 후고는 같은 말로 응수하고, "신랑 신부"라고 말해야 했겠지만 차마 하지 못하고, 예술에 대해 그리고 사랑스럽고 절친한 두 사람 등등으로 건배하는 것으로 만족했다.

성탄절 주간이 저물고, 12월 31일이 되었다. 송년 행사로 카페 바우어로 갈지, 아니면 집에 있으면서 좋은 펀치[96]를 만들고 녹인 납으로 점을 칠지[97] 논의했다. 결국, 후자를 택했고, 이는 나이든 뫼링이 비록 침대에서 일어나기는 했

---

95 폴란드인과 미국인의 전형적인 복장.

96 럼, 차, 설탕, 물, 레몬주스로 만든 알코올 성분의 음료.

97 그리스, 로마 시대부터 뜨거운 납을 부어 떨어지는 모양으로 운세를 점치던 송년회 풍습.

지만, 아직도 통증이 있었기 때문이다. 사촌인 건축가만 초대를 받았고, 울리케가 전적으로 성탄절 저녁처럼 시중을 들었다. "그 나이든 여자를 볼 수가 없어."라고 후고가 말했다. 이 말을 고려해야만 했고, 그렇다고 그녀를 완전히 뺄 수도 없었다. 그래서 그녀는 부엌에 앉아서 큰 양철 국자를 들고 있었고, 틸데는 거기에 납을 녹이고 있었다. 그녀가 납을 붓고 난 뒤, 그것이 무엇인지가 문제가 되었다. 룬첸은 그게 "왕관"[98]이라고 했고, 울리케는 한술 더 떠서 "아기 요람"이라고 말했다. 마틸데는 당황하는 것이 바보짓이라는 생각이 들어서 울리케의 말을 부인하면서, "그건 불가능해."라고 주장했다. 이 말에 울리케는 "아이, 아가씨, 뭐든 가능하죠."라고 말했다. 울리케는 같은 여자를 잘 아는 아주 영악한 사람이었기 때문이다. 이것은 물론 틸데에게는 먹히지 않았다.

"왕관"이건 무엇이건 그녀는 그것을 들고, 앞방으로 되돌아갔다. 사람들은 자신만의 훌륭한 레시피에 따라 만든 펀치로 후고가 잔을 채워줄 때까지 한동안 점을 쳤다. 후고 아버지의 집안은 펀치를 잘 만들기로 소문이 나 있었다. 그의 부친은 그런 특별한 재능을 갖고 있었다. 그리고 사촌인 건축가는 성탄절 저녁때처럼 모두발언을 하고, 행복한 새해

---

98 재산을 의미.

를 위해 건배했다.[99]

다시 모녀 두 사람만 남게 되었을 때는 자정이 막 지난 때였다. 펀치와 촛농, 터키담배 냄새가 묘하게 뒤섞여 숨이 막히는 듯했고, 틸데는 "어머니, 괜찮다면, 창문을 조금 열게요."라고 말했다.

"그래, 틸데. 내게 괜찮지 않을 이유가 무엇 있겠니. 나도 기분이 묘하고, 축제 기분이구나. 아마 새해 첫날이라 그렇겠지. 나도 교회 종소리를 듣고 싶다. 항상 아름답고 경건하게 울리잖니."

틸데는 노인의 의자를 창가로 밀어주었다. 물론 찬바람을 바로 맞지 않도록 했다. 그런 후 그녀는 "그래요, 어머니, 종소리요. 어머니는 아직도 항상 슈트랄라우어 거리[100]에 산다고 생각하는군요. 우린 이제 그곳에 살지 않아요. 그리고, 자정은 이미 지난 지 오래고, 교회 종 시계[101]도 좀 쉬어야 하지 않겠어요."

"그래, 네 말 맞다, 틸데. 난 항상 잊어버리지. 그다지 늙

---

99 폰타네의 육필 원고를 바탕으로 한 라데케의 출판본에는 새해에 병이나 허리통이 없는, 그러나 결혼식이 있기를 바라는 축사의 내용이 있다.

100 프리드릭스하인 구역, 베를린 구도심의 외곽.

101 Singuhr, 베를린 파로키알 교회의 종.

지도 않았는데, 왜 이렇게 벌써 허약한지 모르겠구나. 이제는 룬첸과 나 사이에 아무런 차이도 없는 것 같다."

"그런 말 마세요, 어머니. 어머니는 너무 소심하고 겁이 많으세요. 그렇게 자신을 낮출 필요는 없어요. 그러면, 작은 사람들은 더 작아지거든요."

"그래, 그 말도 맞다. 그렇지만, 사람은 자신을 너무 과장해도 안 된다. 우리가 다시 울리케를 부른 것도 그렇다. 그 애는 항상 그렇게 눈길을 던지고 자신이 뭐나 된 듯이 생각하겠지. 나이든 룬첸은 밖에서 녹인 납을 받을 주걱이나 들고 서 있어야 하고, 난 그 손이 떠는 걸 봤다. 자기를 여기 앞방에서 더 보고 싶어 하지 않는다는 것을 알아차렸기 때문이야. 그래, 틸데, 바로 거기서 사람은 자신을 너무 크게 만들어서는 안 된다는 말을 하고 싶다. 우리가 그런 게 아니고, 우리의 후고 씨가 원해서라고 말하고 싶다면, 묻고 싶구나. 그 사람은 왜 싫다는 게냐? 룬첸이 안대를 하고 있어서? 그래 그건 불행한 일이지. 그리고 대부분 하나는 가지고 있지 않니. 교만은 몰락을 가져오는 법이다. 그 사람이 그렇게 대단한 사람도 아니고 말이야."

"아이, 어머니. 무슨 말을 그렇게 하세요. 자, 그만하시고요. 이제 잠자리에 드셔야죠. 여긴 바람이 들어오는군요. 싫으시면 그냥 계세요. 그래도 창문은 닫아야겠어요."

"그래, 그러렴. 나도 관절염이 도지겠다."

“그리고 룬첸과 후고 이야기는 맞지 않아요. 전 그 사람이 지금 이대로인 게 좋아요.”

“그래, 그렇지만 그건 마치 굳은 심장과 잔인함 같은 거다……”

“말도 안 돼요, 어머니. 만약 그가 굳은 심장을 가지고 있다면, 모든 집토끼가 그럴 거예요. 그는 너무나 약한 마음을 가지고 있어요. 바로 그래서 제가 그걸 없애야 해요. 지나치게 마음이 약한 사람들은 항상 게으르고 편해서 달리 어쩌지 못해요. 그 안에 들어앉아 있는 게 제대로 뛸 수 없으니까요.”

“그렇게 생각하니?”

“물론이죠, 어머니. 약혼하면 심장이 뛰는 소리도 들을 수 있어요. 그 정도로 서로 가까워지기 때문이에요. 그러지 않으려 해도 별수 없어요. 그런 척하는 것이겠죠. 그의 심장 소리는 어떨 것 같아요? 마치 회중시계 같아요.”

“마지막에도 그랬었다.”

“아니에요. 그 사람 심장이에요. 다행인 건, 물론 그래서 룬첸 일도 중요하지만, 그가 추한 것을 보면 박동이 더 나아져요. 그는 강한 인간적인 감정을 갖게 되고, 거의 남성적으로 되죠. 그는 선한 사람이에요. 그가 가장 사랑스러운 것은, 그가 룬첸의 머리 싸개나 다른 모든 걸 보면 깜짝 놀란다는 거예요. 안타까운 일이에요. 하지만 그는 제게 더 가까이 서 있고, 이게 얼마나 중요한 일인지 어머니는 모르실 거예요. 보세요, 약한 사람을 어떻게 만들기란 정말 힘들어요. 너무 많이 요구해서도 안 돼요. 그가 '틸데, 룬첸은 밖에 있어야 할 것 같소.'라고 말할 수 있을 정도만 된다면, 아주 좋아진 거예요. 추한 것을 두려워하는 사람은 정말 아름다운 것을 보았을 때 다가갈 힘을 얻는 법이에요."

"아니, 틸데, 그건 최악인데. 나도 물론 그걸 안다만, 내게 그런 말 하지 마라."

"아니에요, 어머니. 바로 그 말을 하려는 거예요. 어머니는 항상 울리케와 아래층 슐체 씨 댁만 생각하는군요. 하지만 그들은 진짜 아름다운 게 아니에요. 그건 저급하다고 하는 거예요."

"그래, 그래."

"저급한 것, 낮은 것, 그것 말고 다른 것도 있어요. 높은 것이에요. 보세요, 그것을 가진 사람은 약한 것도 강하게 만들 수 있어요. 그것이 오래 가지 않을 수도 있어요. 하지만 그건 언젠가는 올 것이고, 아니 벌써 왔어요. 그가 추한 것을 싫어한다는 것은, 나쁜 것도 싫어한다는 거예요. 그가 예쁜 것, 정말 예쁜 것을 좋아한다면, 좋은 것을 좋아한다는 뜻이에요. 그리고 미덕도 좋아하겠지요. 제게 그렇다는 증거도 있어요. 그리고 다시는 룬첸 이야기가 나오지 않도록 다 말해야만 하겠군요. 그가 룬첸을 싫어하는 것은 제겐 희망의 닻이에요. 어머니, 벌써 한시가 지났어요. 내일은 제게 힘든 날이 될 거예요. 내일이면, 이제 휴가 주간이 지나가고, 그의 양심에 호소해야 하거든요."

"맙소사, 틸데야, 무얼 다시 호소한다는 게냐. 내 가슴이 다 뛰는구나. 이렇게 새해가 시작되고, 저축한 것은 점점 줄어드는데. 그는 아직 공부가 끝나지 않은, 그냥 나이든 학생일 뿐이잖니."

"그래요. 그렇지만, 이젠 그만 내버려 두세요. 제가 그를 제대로 만들지 못하더라도, 어느 정도, 그러니까 결혼할 수 있는 정도만이라도, 그래서 매달 어머니에게 돈을 보낼 수 있고, 제가 뭔가 칭호[102]를 얻을 수 있을 정도는 만들 거예요."

새해 첫날은 아름다운 겨울날이었다. 잔뜩 서리가 내리고 꽁꽁 얼어붙어 있었지만, 그렇게 춥지 않았고, 맑은 하늘에 빛나는 해가 있었다. 후고는 일찍 일어났고, 뫼링네는 아직 자고 있었다. 그는 건너가서 침실 문을 노크했고, 문틈으로 아침을 첼테에서 먹고 싶다고 말했다. "그러죠." 틸데가 말하는 동안, 노인은 혼잣말로 "맙소사, 또 시작이구나, 새해 첫날이란 말이지."라고 중얼거렸다. 물론 후고는 그 말을 듣지 못하고 문을 닫았고, 노인이 채비하도록 틸데

---

102 결혼을 통해 여성은 남편의 사회적 지위에 따라 호칭을 부여받음.

에게 맡겨 두었다. "어머니, 어머니도 문제예요. 어머니는 항상 금방 화재경보기나 사형을 떠올리죠. 전 이제 약혼을 했고, 그의 신부예요. 어머니는 정말 조금은 달라져야 해요."

"그래, 틸데, 그렇게 하마."

"보세요, 어머니는 우리에게 피해를 주잖아요. 얼마 전에도 말씀드렸잖아요. 우린 작은 사람들이 아니에요. 룬첸네가 작은 사람들이에요. 물론 그것도 맞는 건 아니지만. 어머니가 항상 징징거리기만 하면, 우린 '작은 사람'이에요. 우리도 이젠 멋있게, 그러니까 소위 말하듯, 좋은 인상을 주어야 해요……"

"아이, 틸데, 그런 건 돈이 많이 들잖니. 그 돈이 어디서 난단 말이냐."

"그건 제가 알아서 할게요. 우리가 멋있는 인상을 주지 못한다면, 적어도 점잖고 교양 있게 행동해야지요. 징징거리는 건 교양 있는 게 아니에요."

"이렇게 새해가 시작되는구나."라고 노인은 다시 말했다. "이렇게 티격태격하면서 췔테로. 이렇게 이른 시간에 커피를 팔지는 않을 텐데. 췔테는 점심때 열잖니."

"아이, 그 사람이 어떻게 하겠지요. 그 방면에는 유능하거든요."

후고는 아름다운 아침을 음미했다. 그는 오래 산책을 할 수 있어서 행복했다. 병이 난 뒤로 밖으로 나온 적이 없었기 때문이다. 그는 모든 것이 즐거웠는데, 이것이 신랑이 된 기분 때문인지 아니면, 병의 흔적 때문인지 알 수 없었다. "아마도 아팠기 때문이겠지, 아니, 결국엔 같은 것이겠지만." 그는 벨뷰[103]를 지나 돌아오는 길에서야 중간쯤에 있는 첼테에서 편하게 자리를 잡았다. 그곳에는 지팡이를 짚은 나이 든 프리츠[104]가 울타리에 기대어 서 있었다. 그는 생각에 잠겼다. "오늘 아침에는 어머니와 여동생이 편지를 받겠지. 그러면 많은 말을 할 거야. 아우렐리에는 착한 아이야. 속이 좁거나, 소심하지도 않고, 그렇지만, 그 애는 이상하게 특별한 특권의식을 가지고 있어. 그게 특이한 것이 아닐 수도 있지만. 내가 세 들어 사는 집의 딸과 약혼했다는 것을 읽으면, 아마 그 애는 경멸하면서, 속물 어쩌고저쩌고 말하겠지. 아마 그런 내용으로 내게 편지를 할지도 몰라. 할 수 없지. 뫼링네는 아주 착하고, 노인네도 그 나름대로는 착하지. 조롱하려면 하라지. 피해 볼 것은 없으니까. 사람들은 모든 것을 비꼬니까. 아우렐리에가 틸데를 보면, 아마도 놀랄 거야. 틸데는 유혹적인 데는 없지만, 그건 다행이야. 그녀가 매력이

---

103 티어가르텐 북쪽의 벨뷰성.

104 프로이센의 왕, 프리드리히 대제의 애칭.

있었다면, 어떻게 될까? 앞으로도 한참 남았고, 이렇게 매일 보는데. 그렇지만, 지금도 가까워지는 걸 경계해야겠어. 그녀는 쌀쌀맞은 데가 있어서, 그런 면이 자기방어가 될 수 있어. 그래도 난 나 자신과 다른 사람에게 무엇을 빚졌는지는 알고 있어."

그가 집으로 돌아왔을 때는 벌써 열두 시였다. 그는 프리드리히가(街) 구석에서 광고물이 붙어 있는 기둥을 샅샅이 공부했고, 저녁은 라이히스 할레[105]에서 보내야겠다는 결론에 도달했다. 그곳에는 공중곡예사가 그려져 있었고, 특별한 공연을 한다고 되어있었다. 가벼운 옷차림의 곡예사가 공중을 날아다니는 모습이 종이에 스케치 되어있었다. "난 저런 걸 보는 게 좋아." 광고 기둥을 돌아 프리드리히가(街)로 꺾어 들어가면서, 그가 말했다. "정말 특이하군. 내겐 실용적인 모든 것이 거슬리니 말이야. 그걸 약점이라고 말하지만, 강점이 될 수도 있어. 그렇게 아름다운 여인이 공중을 가르는 것을 보면, 난 정신을 잃고, 행복해지지. 내가 그런 일을 해야 했는데. 몸을 단련하는 예술가나, 비행가, 아니면, 정말 환상적인 어떤 것. 조련사나, 어렸을 때부터 난 조련사에 매혹되었었지. 막상 보는 것처럼, 그렇게 위험하진 않을 거야. 사향을 머리칼 속에 넣으면, 동물들은 덤비지 않아.

---

105 베를린의 대중적인 문화공연극장.

맙소사, 내가 이런 엉뚱한 생각을 하는 걸 틸데가 알면. 아니, 생각에는 자유가 있고, 그냥 지나가는 것일 뿐이야. 진지하게 생각해 보면, 모든 게 우스워. 조련사라니. 틸데의 손 안에 내가 있는데 말이야. 그녀는 내가 눈치채지 못하고 있다고 생각하겠지. 그렇지만, 난 잘 알아. 그대로 내버려 두는 게 최상이기 때문에 모른 척하고 있을 뿐이야. 결국, 사람은 천성대로 남아 있지…… 이렇게 그럭저럭 편하게 지낼 수만 있다면……"

이렇게 생각할 무렵 그는 슐체의 저택 앞에 와 있었고, 위를 올려다보았다. 우단 잠옷에 터키모자를 쓴 슐체는 창가에서 모자를 벗으며, 아래쪽을 향해 자애롭게 인사를 보냈다. 후고도 인사를 하긴 했지만, 슐체의 모든 행동이 과장된 것을 알았기 때문에, 그다지 반갑지 않았다. 어쨌든 존경심은 찾아볼 수 없었으니까. 그리고 그는 계단을 올라갔다. 한 층 위의 황동 문패가 잘 닦여 반짝이고 있었고, 깜찍한 머리 두건을 쓴 하녀는 계단참의 집 앞에 서서 현관을 내려다보고 있었다. 그녀는 슐체가 직접 고른 사람이었다. 후고가 지나갈 때, 그녀는 몸을 돌리고 매우 예의 바르게 인사했다. 그렇지만, 거기에는 어느 정도 그를 향한, 혹은 틸데에 대한 우월감이 담겨 있었다. 후고는 그것을 감지했고, 꽤 기가 죽은 채 위층에 도착했다. 그러한 기분을 가졌던 만큼 금방 그 기분을 떨쳐 버릴 수 있다는 것은 그나마 다행이었다. 위층에 오자마자 그는 곧바로 시청 홀과 광고탑의 그림에 대해 생각하기 시작했고, 금세 기분이 들뜬 채 현관에 들어서서 외투를 벗고 뫼링 모녀에게로 건너갔다.

그러나 그는 새 옷을 차려입은, 묘하게 아름다워 보이는 틸데만 발견했다. 노인은 없었다.

"안녕, 틸데, 새해 복 많이 받아요. 그런데 어머니는 어디 계셔?"

"슈메디케와 도너 씨에게 신년 인사 가셨어요. 그곳에는 우리가 슈트랄라우어가에 살 때 왕래하던 오랜 지인들이 있거든요."

"그건 모르는 이야긴데."

"그럴 수도 있죠. 그들은 우리에게, 우리는 그들에게 도움이 안 되지요. 매우 재미없고, 교양 없는 사람들이에요. 그렇지만, 어머니는 '오래된 친구들을 저버리지 마라.'라는 낡은 사고를 갖고 계세요. 마치 그들이 오래된 친구인 양. 그렇지만, 그들은 친구가 아니고 그냥 나이가 들었을 뿐이죠. 그게 맞아요. 그런데 어머니는 해마다 거기로 가시거든요. 내 생각엔 그건 약간의 호기심인 듯해요. 그런데, 어디에 갔었어요?"

후고는 솔직하게 보고했다. 소파에 앉아 있는 틸데 곁에 바싹 앉으며, 광고 기둥에 관해서도 이야기했고 오늘 저녁에 라이히스 할레로 가자고 말했다. 그곳에서 호화찬란 하지만 영적인 《공중의 딸》[106] 공연이 있는데, 어머니도 물론 함께 갈 수 있다고 말했다.

틸데는 그를 보며 웃었다. 그리고는 그의 손을 잡고 "라이히스 할레라고요, 안 돼요, 후고. 이제 그런 건 끝이에요. 우리는 성탄절부터 송년회까지 매일 외출했고, 펀치를 마셨지요. 한 번은 아주 고급 레스토랑에 갔었고, 그건 우리의 분수와 상황을 넘어선 것이라고까지 말하고 싶군요. 이젠 그걸로 충분해요, 우리는 이제 시작해야 해요."

"무엇을 말이오, 틸데?"

"날 나쁘게 생각하지 말아요. 그렇지만, 그런 질문은 당신만이 할 수 있을 거예요. 솔직히 내 생각을 말해도 될까요? 당신이 날 나쁘게 생각하지 않고, 처음부터 당신뿐만 아니라, 나를 위해서도 좋은 뜻에서 하는 말이라고 이해하겠다고 약속해줄래요?"

"물론이오, 틸데. 말해봐요, 당신이 하는 말은 항상 이성적이라는 걸 나는 알고 있소. 어느새 약간 지나칠 정도로. 그렇지만 이번 주에 당신에게도 인생을 즐기는 면이 있다는 것을 알게 되었소."

"당신은 앞으로도 그렇게 나에 대해 알아가야 해요, 후

---

106 칼데론의 드라마 《공기의 딸》(1653)에 대한 비유. 공중곡예사는 사회적인 질서를 벗어난 자유분방한 낭만적이고 에로틱한 꿈을 대변한다.

고. 난 다른 사람들이 생각하듯, 그렇게 심각하지도 지나치게 이성적이지도 않아요. 나도 치장하고 즐기는 것을 좋아해요. 그렇지만, 일도 시작해야겠지요. 우리가 가난한 사람이란 건 알고 있죠. 당신이 부자가 아니란 것도요. 0을 두 번 곱하면 0이죠. 0은 비싼 음식점에 가지도, 《공중의 딸》도 못 봐요. 우리는 약혼을 했고, 난 이렇게 선하고 잘생긴 남편이 있어서 행복해요. 그리고 사람들이 그걸 기꺼워하지 않는다는 것도 알아요. 아래층 재정고문관 부인은 분명히 그럴 거고, 페터만 대위 부인도 그럴 거예요. 그들은 샘 많은 늙은 여자들이지요. 아래층의 두건을 쓴 예쁜 금발 머리도 절 항상 그런 눈으로 봐요. 질투는 행복하게 만들지요, 그리고 난 행복해요. 그렇지만, 정지는 퇴보라고 아버지가 돌아가시기 일 년 전, 아무런 성탄 보너스를 받지 못하셨을 때, 말씀하셨어요."

"당신 말이 맞아." 후고는 말을 가로막았다.

"물론 내 말이 맞아요. 그렇지만, 당신은 계속 듣기 싫어서 그런 말을 하는 거죠. 알아요. 이 모든 것, 종국에는 리빈스키보다 더 중요한 것, 그렇다고 우리의 쉴러에 반하는 어떤 말을 하려는 것도 아니고요, 당신은 이 모든 말을 듣는 걸 좋아하지 않죠. 모든 게 단지 아름답게 보여야 하고, 매끄럽게 지나가야 하고, 편해야 하죠. 물론 편한 게 가장 속 편하겠죠. 그건 당연해요. 예전에 신사분들은 일곱 시 이전에 커피 마시기를 원했었고, 실제로 한 사람은 항상 여섯 시에 일어났어요. 그러면 난 몸을 움츠리고 머리에 스카프를 쓰고, 빵을 사러 판슈미트 빵집으로 가야 했어요. 난 그때 다시 돌아서서 이불을 얼굴 위로 뒤집어쓰고 싶다고 생각했었지요. 그날은 정말 추운 겨울날이었고, 얼마나 떨었는지……"

"틸데, 이젠 그건 지난 일이야."

"그래요, 당신은 그냥 지나갔다고만 말하죠. 지나갔다는 게 무슨 뜻이에요. 우리는 약혼했고, 그것은 우리가 결혼하겠다는 뜻이고, 종교적으로도 결혼하겠다는 것이지요. 그러니까 부탁할게요. 나한테는 그냥 지나가는 듯이 하지 말아요. 난 그런 건 싫어요. 모든 일에는 재미도 있어야겠지만, 진지함도 있어야만 해요. 그리고 진지함이 먼저예요. 우리가 대학생이나 지망생 부부로는, 그게 그거지만, 세상을 살아나갈 수 없으니까요, 그러니까 안 되는 거예요. 직책이나 직위가 없는 사람들은 수입도 없기 때문이에요. 우리가 살아가고 가정을 이루려면 우리는 수입이 있어야 해요……"

"아, 틸데, 그건 한참 멀었잖아요……"

"…… 그러니까 살아가려면, 당신이 사는 데 필요한 것을 마련해야 한다는 말이에요. 그 말은 당신이 이젠 정말 국가고시를 봐야 한다는 것이에요. 책을 옆에다 밀쳐놓고 《유령》[107]

---

107 1887년 베를린에서 초연된 헨릭 입센의 드라마.

만 읽는 것도 안 돼요. 이건 그 제목이 말해주듯이 무시무시한 작품이에요. 당신이 국가고시를 본다는 것, 말하자면, 그건 이를수록 더 좋아요. 그리고 내일부터 시작해요……"

"그렇지만 어떻게 말이요?"

"아주 간단해요. 라이히스 할레나 《공중의 딸》을 생각하기보다는, 당신이 병중이어서 완전히 잊어버린 복습강의만 생각하는 거예요. 그전에도 그건 많은 게 아니었어요, 당신은 단지 돈만 내고 산책만 다녔었죠. 그렇지만 이젠 정말로 가야해요. 그리고 저녁엔, 답이 있는 문제집을 가지고 있죠, 난 그걸 당신 책상 위에서 보았어요. 그걸 가지고 저녁엔 나와 어머니한테로 건너와서 원한다면 긴 의자에 담요를 덮고 기대세요. 그러면 난 당신에게 학습한 것을 물어볼 거예요. 당신이 내게 완벽하게 대답하고 모든 것을 훤히 꿰뚫기 전에는 쉬지 않을 거예요."

"그렇지만, 틸데."

"날 믿어요. 무언가를 이루려면, 와서 거기에 기대거나 앉으면 돼요. 그럼 내가 질문할게요. 그리고 오늘 저녁은, 그게 그렇게 중요하면 다시 한번 《공중의 딸》을 보세요. 그렇지만, 난 함께 가지 않아요. 난 당분간 그런 것에 아무런 취미가 없어요. 그리고 내일 저녁에 시작해요."

11장

후고는 기뻐해야 할지, 기분 나빠해야 할지 알 수가 없었다. 그는 틸데가 원하는 대로 자신을 다루려 한다는 것을 모를 만큼 부족하지도 않았고, 그다지 영웅답지 못한 자신의 상황을 느끼지 못할 만큼 분별이 없지도 않았다. 물론, 이래서는 안 되는 것이다. 그렇지만 그것은 일시적인 기분이었을 뿐이고, 그는 자신을 적절하게 오른쪽, 왼쪽으로 유도하는 누군가가 있어서 정말 기뻤다. 그것은 좋은 의도이고, 자신이 앞으로 나아가고 있음을 매 순간 느끼고 있었다. 그리고 때때로 찾아오는 불쾌함에서 벗어나도록 적절하게 도와주는 것은 바로 틸데가 그에게 사용하는 방법이었다. 섬세한 것에 기쁨을 느끼는 그의 미적 감각으로 그는 틸데가 자신에게 사용하는 방법에서 분명히 예술적인 쾌감을 얻었을 뿐만 아니라, 교육 방법이 자신의 부담을 덜어주어서 기뻤다. 틸데는 후고의 미약한 힘이나마 최선의 의지로 해낼 수 있는 것 이상을 요구하지 않도록 조심해야 한다는 것을 분명히 알았고, 그래서 그녀는 영리하고 능숙하게 잠시 중단하거나, '앙트르 필레'[108]에도 신경을 썼다. 이 단어는 신문 문예란에 나오는 듯한 후고의 어휘를 농담처럼 자신의 것

---

108 막간에 끼워 넣는 짤막한 신문 기사.

으로 만든 것이다. 질문과 대답 놀이로 바뀐 시험 준비가 힘들어지기 시작하고, 후고의 표정에서 피로의 기색이 나타나면, 그녀는 차나 붉은 포도주, 생강차를 가지고 왔고, 함께 마시면서 생강을 가장 잘 저장한다는 몰루카제도[109]에 대해, 그리고 그곳에는 중국으로부터 건너온 푸른색 꽃무늬의 도자기도 있다고 (아니면 그들이 나중에 모방한 것인지) 말하고 일상적인 주제로 넘어가서 중국에서 기독교인 박해에 관해 읽어 주거나 안남[110]과 통킹[111]의 프랑스인, 혹은 네덜란드인과 원주민 사이의 전쟁에 대해 읽어 주기도 했다. 일본인은 중국인보다 훨씬 앞선 민족이며, 자연에 대한 관찰력을 지니고 있으며, 저런 꽃과 새를 그릴 수 있는 민족은 차 쟁반에서도 알 수 있듯이 훌륭한 문화를 지녔다고 말했다. 그럴 때 그녀는 거의 벗겨진 니스칠에 대해서는 전혀 언급하지 않았다. 틸데는 크게 건너뛰어서, 생강 봉지를 핑계로 몰루카제도와 일본, 중국에서 시작해서 그녀에게는 가벼운 테마인 크롤, 셈브리치,[112] 심지어 리빈스키까지 갔다. 원래 후고를 위해 준비했던 재미있는 이야기들을 최선을 다

109 인도네시아의 군도.

110 베트남의 중국식 표기.

111 베트남 북부지역으로 1873년 프랑스에 점령당함.

112 폴란드 여자 성악가, 마르셀라 셈브리치.

해 전달하고 그에게 원기를 불어넣은 다음, "자 이제, 후고, 매도가 집세를 내리게 하나요, 아니면?" 하고 말했다.

후고는 다시 힘을 얻어, 대답했고, 그것은 틸데를 아주 기쁘게 했다.

나이든 뫼링은 항상 그 곁에 있었는데, 이것은 그녀가 어디로 가야 할지 몰랐기 때문이었다. 이렇게 1월 말이 다가왔고, 어느 날 저녁 열 시경에 후고가 방을 나가고, 틸데가 잔과 컵을 치우자, 노인은 의자에 앉아 등을 난로 쪽으로 향하더니 "말해보렴, 틸데, 그는 잘하고 있니?"라고 물었다.

틸데: "매우 잘하고 있어요, 어머니. 제가 생각했던 것보다 훨씬 나아요."

노인: "그래, 나도 그렇게 생각한다. 더 생기도 있고. 그런데 중간에 네가 너무 많이 끼어드는 건 아니니."

"왜요?"

"연극과 벨라 얘기가 너무 많으니까. 나한테는 그 막간 얘기가 제일 좋긴 하다만. 중간에 아무것도 없으면 난 자러 가지. 그렇다고 중간에 너무 이야기가 많으면 그것도 옳지 않은 것 같구나."

틸데는 웃었다. "아니에요, 어머니. 그게 맞는 거예요. 보세요, 그건 이래요. 제가 오늘 슈판다우로 가야 한다면, 우선 우비를 입고 우산을 들고 출발해요. 그리곤 샤를로텐부르크에서 기대어 서서 성의 시계를 건너다보고, 열두 시경에는 슈판다우에 도착하겠지요. 그리고 네 시엔 다시 여기에 돌아와서 어머니께 차를 갖다 드리겠지요."

"그래, 틸데, 그럴 것 같구나. 그런데 그게 무슨 말이니?"

"자, 이젠 어머니가 슈판다우[113]로 가야 한다고 가정해 보세요. 브란덴부르크 문까지는 단숨에 가겠지만, 작은 분수가 있는 첫 번째 벤치에 앉겠지요. 충분히 쉬시고 나면 계속해서 작은 별까지, 그리고 큰 별[114]까지 그리곤 통행세 징수소까지 가겠지요. 곳곳에 벤치가 있고, 쉴 수도 있어요. 그렇게 어머니는 슈판다우까지 가겠지요. 저녁이 되고 그때쯤엔 도착하겠지요. 중간에 쉬는 벤치가 없었더라면 엄만 지쳐서 도착하지도 못할 거예요."

"그래, 이제 이해가 된다. 벤치 없이 그는 도착할 수 없는 거구나. 도착하기만 한다면."

틸데: "그는 도착할 거예요."

그 말은 맞았고 그가 왔다. 후고는 합격했다. 그는 필수적인 것만 알고 있었는데, 그것도 강압적으로 얻어낸 것이

113 베를린 도심지 밖 북서쪽 지역.

114 샤를로텐 거리가 지나가는 베를린 티어가르텐의 장소, 방사형으로 뻗은 길.

었다. 코스트니츠 종교회의의 후스[115]처럼 앉아서, 열광적으로 그리고 겸손하게, 반은 용감하고 반은 겁에 질려, 이런 태도로 그는 모든 것을 좋은 결과로 이끌었다. 그의 품성이 승리한 것이다. 시험관 중 한 사람은 그를 옆으로 불러서, "친애하는 그로스만 씨, 다 잘 되었어요, 축하합니다."라고 말했다.

그는 들뜨기도 하고 (미래를 생각해 볼 때) 짓눌리는 묘한 상태로 집으로 돌아왔고, 모녀를 보고는 이 기분에서 벗어날 수 있었다. 틸데는 눈을 반짝이며 비교적 조용히 있었고, 후고는 마지막 순간에 노인으로부터 입맞춤을 당할 위기에서 가까스로 벗어나서 자신의 방으로 돌아갔다. 어머니 뫼링은 그게 마음에 들지 않았지만, 대부분 나이든 베를린 여자들이 그렇듯, 입을 열고 싶었고, 틸데는 노인의 마음속에 떠오른 모든 것을 들어야만 했다. "맙소사, 틸데, 이제 넌 편안히 잠을 잘 수 있겠구나. 앞으로 어떻게 될지 아니까. 그는 원래 착하니까 이 늙은이가 죽도록 내버려 두진 않겠지."

후고는 집에 편지를 썼고, 리빈스키에게도 간단하게 몇 줄로 모든 것이 잘 되었음을 알렸다.

---

115 체코 보헤미아 출신의 종교개혁가 얀 후스(1370-1415).

일곱 시경에 다시 건넛방으로 갔을 때, 그는 틸데가 마련한 작은 만찬을 보았다. 그녀는 근처의 좋은 레스토랑에서 라인 가우의 딱지를 붙여 진짜임을 증명하는 뤼데스하이머[116] 와인 한 병을 사 왔고 함께 곁들였다. 거기에서 볼 수 있는 세심함, 게다가 모든 것에서 드러나는 좋은 취향이 후고에게 아무런 효과가 없는 것은 아니었다. 그는 갑자기 어두운 예감에도 제대로 맞추었다는 느낌에 사로잡혔다. 물론, 사회적으로 낮은, 단순한 사람들이긴 하지만 선하고 정갈하고 믿을 수 있는 사람이다, 다른 모든 것은 단지 외관이고 겉치레일 뿐이다, 라고 생각했다. 그는 식탁 위로 틸데에게 손을 내밀고는 마치 "우리는 서로 이해한다."라고 말하려는 듯했다. 그는 식사를 즐기고, 매번 손으로 잔을 덮어 거절하던 나이든 뫼링을 이기고, 결국은 그녀의 잔에도 황금빛 노란색의 와인을 따랐고, 기분이 좋아져서 선량한 뫼링과 좋은 시험관을 교묘하게 비교하고 연관 지으면서 축배를 들었다. 식사 후에 틸데는 커피를 가져 왔고, 그날을 기념해서 특별히 진하게 끓였다. "틸데. 커피가 핏속으로 흐르는지, 난 항상 몸이 가렵구나."

"아이 괜찮아요, 어머니. 맛만 있다면요."

"물론 맛있어, 그리고 진하기도 하고. 아니면 네 아버지

116 라인강 지역의 뤼데스하임 산 백포도주.

가 항상 말했었지. '여보, 커피콩이 스쳐 지나가지도 않았어.'라고. 맙소사, 네 아버지를 생각하면, 그분은 뭐라 하셨을까." 이제 후고는 커다란 안락의자에 앉아, 어떠했는지 정확하게 보고해야만 했다. 틸데는 후고가 정확하게 대답하지 않은 건 아니냐고 물어보기까지 했다. 그녀는 그런 것을 시험관들이 싫어한다고 들었다고 말했다. 후고는 이에 대해 그녀를 진정시키고는 모든 것을 이야기하고 방금 오빈스크[117]의 어머니와 동생에게 편지를 썼다고 지나가듯 말했다. 오빈스크 이야기를 하면서, 자신의 소년 시절과 부모의 집, 그리고 거기서 얼마나 멋진 생활을 했는지 이야기했다. 시장, 약사, 변호사는 모두 멋진 생활을 하는데, 왜냐하면 그들은 돈이 많기 때문이며 소도시에서의 그런 생활은 대도시의 생활보다 훨씬 즐겁다. 그건 항상 즐길 만한 일이 있기 때문이다. 카드놀이를 하지 않으면, 연극을 하거나, 무도회가 없으면 썰매 경주를 하면서 오후 내내 방울을 울리거나 눈발을 날리고, 아름다운 여인들은, 소도시에는 항상 아름다운 여인들이 있으니까, 손을 방한용 토시에 넣고 날씨가 더 추우면 파트너의 손도 함께 넣는다고 말했다.

"맙소사" 나이든 뫼링은 "파트너라니 무슨 말이냐? 그럼 진짜 남편은 어디에 있는데?"라고 물었다.

---

117 폴란드의 작은 마을 오빈스카.

"그들은 다른 썰매에 있지요."

후고는 계속 떠들어서 틸데를 조금 웃게 하는 데 성공했다. 그녀는 자신의 신랑이 절대 그 토시 안에 손을 넣지 않았을 거라 확신했고, 그보다 더 확신하는 것은 오빈스크의 윤리적인 관습이 그다지 고지식하지 않다는 점이었다. 후고는 그런 광경을 그리기를 좋아했는데, 이는 그가 그런 것을 아름답다고 생각하기 때문으로, 실제로 그가 그런 그림을 행동으로 옮길 소지는 없었다. 틸데는 이 모든 것을 잘 알고 있었고, 그래서 자신을 질투로 괴롭히기보다는, 그가 말하는 오빈스크 이야기 중에서 자신의 계획에 필요한 것만을 골라서 들었다. 후고가 대도시가 아닌 소도시에 속한다는 것을 항상 의식하고 있었지만, 이젠 그것이 더 확실해졌다.

후고는 일찍, 아홉 시도 되기 전에 쉬러 들어갔다. 승리를 거두긴 했지만, 그날은 격렬한 날이기도 했기 때문이다. 그러나 그는 아직 자고 싶지는 않아, 자신의 방을 왔다 갔다 했다. 무엇보다 그는 그다지 승자가 된 기분이 아니었다. 그는 1차 합격을 했고 모든 게 좋다. 그런데 아직 2차 시험이 남아 있다. 그리고 남은 절반이 알다시피 더 많이, 훨씬 더 고생스럽다는 것을 생각하면서, 시험장에서 게으르게 거리로 올 때까지 자신을 사로잡았던 불안감이 다시 엄습해왔다. 틸데는 농담이 통하지 않는다. 그리고 그는 틸데가 내일 당장 새해 첫날 했던 그와의 대화를 다시 반복하고, 두 번째로 일장 훈시를 할 거라고 절반은 확신을 갖고 예상했다. 아마 일주일 휴가를 허락하면서 말이다. 그러면 낮에는 복습 강의, 저녁에는 문답 놀이가 시작될 것이다. 그는 그것이 끔찍했고, 자신이 그것을 이겨낼 수 있을지 의구심이 생겼다. 아마 시험에서 떨어지는 편이 나았을지도 모른다. 그랬다면 이 모든 고문은 끝이 났을 텐데. 물론 약혼을 하긴 했지만, 겨우 3개월이 되었을 뿐이고, 그건 별것이 아니다. 그런데 하필 법률공부 따위여야 하나, 이건 자신에게 전혀 맞지 않는다. 모든 게 너무나 딱딱하고 건조하다. 리빈스키도 아직 살아가고 있지 않나. 포센 철도[118]를 타고 가면서 (지금도 이 기억을 떠올리는 걸 특히 좋아한다) 작은 역들을 지나갔는데, 역사의 절반은 무성한 포도밭 가운데에 있었고, 빨간 모자를 쓴 철도 역장이 기차를 사열하듯 지나갔다. 젊은 여인 하나가, 그 옆에는 금발이 있었는데, 호기심 반 지루함 반으로 작고 예쁜 2층의 창문에서 내다보고 있었다. 아, 그때 그는 몇 번이나 생각했었다. 그래, 역장은 왜 안 된단 말인가? 그런데 이런 생각이 다시 들었다. 역장이 아니라면, 창고 관리관이나, 전신전화 교환수. 결국엔 타자를 조금 배워야 하겠지. 이따금 흥미로운 전보가 올 테고, 다양한 것을 알 수 있게 되겠지.

---

118 슈테틴과 포센을 연결하는 170킬로 길이의 철도.

이런 생각에 잠기면서 그는 평온해졌고, 잠이 들었다. 그러나 다음 날, 걱정이 다시 시작되었다. 평상시에 항상 방에서 혼자 커피를 마시는 그에게 틸데가 커피를 가져왔을 때 그는 당황했다.

"잘 잤어요, 후고. 보세요, 얼마나 태양이 아름답게 빛나는지. 당신에게 경의를 표하는 것이겠지요. 바깥이 따뜻하니까 나가서 산책도 하고 그동안의 긴장을 풀어야죠. 용감한 사람이라도 (그렇게 말하면서 그녀는 웃었다) 시험 전에는 겁을 먹기 마련이에요. 걷기는 기분을 상쾌하게 해주고 몇 가지 소식도 가져다주지요. 내가 알기론 당신의 그《공중의 딸》은 더 공연하지 않아요. 그것에 관해 이야기를 듣거나, 아니면 오늘 저녁에 가 볼 수도 있겠죠. 난 오늘 오전에 시내에 가야 해요. 뭐 필요한 게 있나요? 아니면, 먹고 싶은 거라도. 당신은 정말 창백해졌어요." 그러면서 그녀는 얇은 입술로 그에게 키스하고 갔고, 문에서 다시 그를 향해 상냥하게 고개를 끄덕였다.

"묘한 여자야." 후고가 말했다. "착하고 유능해. 그렇지만 키스는 그녀의 강점이 아니야. 글쎄, 모든 것을 다 요구할 순 없지만, 어쨌든 난 그녀가 바로 시작하지 않아서 정말 기쁘군. 단지 시한부일 뿐이겠지만. 그렇지만 인생이 며칠이나 된단 말인가. 그러니까 하루는 굉장한 거야."

후고의 걱정은 실현되지 않는 듯 보였다. 1차 시험은 3월 말이었고, 벌써 4월 중순이 되었지만, 틸데는 2차 시험이나, 그 준비에 관해 말하지 않았다. 그녀는 그냥 시간을 보냈고, 세심하게 신경을 썼는데, 그중에서도 문고판으로 나온 작품을 읽어 주는 것이 우선이었다. 변한 것은, 그녀가 예전보다는 덜 가정적이고 매일 오전 몇 시간씩 시내에 머문다는 점이었다. 후고는 그것에 신경을 쓰지 않았고, 노인도 마찬가지였다. 단지 노인은 어느 날 그녀에게 물었다. "틸데, 너는 룬첸이 와서 청소하면 항상 나가버리는구나. 말은 하고 싶지 않다만, 룬첸은 잘 보지 못하니까 항상 부딪치고 물건을 깬단다. 오늘도 녹색 전등을 깼어."

"네, 그건 좋지 않은데요, 어머니."

"대체 넌 어딜 그렇게 다니니?"

"여성을 위한 독서실이요."

"그래서?"

"그곳에서 신문을 읽어요."

"그렇지만 후고도 매일 신문을 받아 보잖니."

"물론이에요. 하지만 하나론 충분하지 않아요. 전 여러 개가 필요해요."

"그래, 그러니, 난 하나도 필요치 않은데."

그 선에서 머물렀다. 노인도 더는 그것을 언급하지 않았고, 일주일 뒤에 약간 수수께끼 같은 신문 읽기의 비밀은 다른 질문 없이, 밝혀지게 되었다.

그날은 일요일이었는데, 이날은 독서실이 11시부터 한 시까지여서 틸데는 12시 반에 다시 집에 와 있었다.

"저 왔어요, 어머니. 그런데 뭔가 타는 냄새가 나는데요. 살펴보지 않았어요? 후고는 잘 모를 거예요. 그렇다 해도 그는 탄 부분을 제일 좋아하고, '여기 동물적인 게 다 빠져나갔군.' 하고 항상 말을 하지요."

"그래, 그런 말을 하더구나. 그래서 항상 묻고 싶었는데. '차라리 하지 말자.'라고 생각했지."

"잘하셨어요. 묻지 않는 게 항상 더 좋아요. 그런데 부엌에 가 보지 않았어요?"

"틸데, 지금 막. 나도 방금 알아채고 석탄을 몇 개 끄집어내고 물을 끼얹었다. 물론 화가 났다. 그건 낭비니까, 그렇지만 더 일찍 꺼낼 수는 없었어. 슈메디케가 와 있었거든."

"우리에게서 멀리 떨어져 있을 수도 있을 텐데. 슈메디케는 한 번도 좋은 말을 하지 않고 항상 그냥 호기심이나, 악의를 갖고 우리를 방문할 뿐이에요. 가난한 사람에게 헛된 희망이나 불어넣으려고요."

"아니, 틸데, 그건 옳지 않아. 적어도 오늘은 그렇지 않았어. 후고의 시험 때문에 우리에게 축하하러 온 것이란다. 그리고 결혼식은 언제냐고……"

"그래서 말씀하셨어요? 오래 걸리지 않을 거라고. 그렇죠? 전 알아요. 어머니는 항상 죽음이라는 공포에 질려, 아무것도 안 될 것이고, 아무런 소용도 없고, 단지 돈만 낭비했을 뿐이라고 아직도 생각하고 계시죠. 그게 주된 걱정이죠. 이런 걱정을 하시면, 더 초라해져서, 날카로운 코를 한 의류업자의 과부, 슈메디케 같은 사람들 앞에서도 자신을 불쌍하게 만들죠."

"아니다, 틸데, 난 그런 말은 하지 않았어. '그다지 멀지 않았다'는 말은 하지 않았단다. 난 그냥 잘 모르지만, 마치 네가 곧 하려는 듯이 행동한다고 말했을 뿐이야."

"그래서요? 그 사람은 뭐라고 하던가요?"

"그러니까, '네. 친애하는 뫼링 부인. 몇몇 사람들은 용기가 있어요. 1차 합격자는 대단한 게 아니고 단지 시작일 뿐이에요. 하지만 모든 시작은 어려운 법이니까 그래도 대단하다고 말할 수 있겠지요. 아마 장관을 하려는 건 아니겠지요. 아니면 그런 건가. 맙소사, 틸데를 생각하면……'"

"그렇게 말했어요?"

"그래, 틸데, 그랬어."

"염치없는 인간. 게다가 멍청하기는. 한물간 의류업자 마누라. 그렇지만, 우리가 청첩장을 띄우면 아마 놀랄걸."

"아니, 틸데, 그런 말 하면 못쓴다. 그런 말을 하면, 말이 씨가 된다고 아무것도 안 될 거야. 그동안에도 돈이 많이 들었는데, 난 이젠 모르겠구나. 어디서 돈이 나오는지."

"네, 어머니, 전 마법을 부릴 수 있어요."

"맙소사, 얘야, 게다가 그런 말투까지. 악마를 부르면, 오는 법이다. 이렇게 심각한 문제는 장난으로라도 그런 말은 해선 안 된다. 아버지도 항상 말씀하셨단다. '그래, 사람들은 그게 즐거운 일이라 생각하지만, 그건 즐거움이 아니다. 게다가 결혼식은 가장 엄숙한 날이야. 그리고 제대로 맺어지지 않은 사람은 벌써 그렇게 보여.' 그런데 넌 마술이니 뭐니 하면서, 벌써 모든 게 다되어 있고 요하네스 축일이 시작된 것처럼 말하는구나."

"그것도 가능해요, 어머니."

"아니, 틸데, 소름이 끼치는구나. 네가 모든 걸 다 주머니 안에 갖고 있다는 듯이 그렇게 서 있으니 말이다……"

"네, 맞아요."

그러면서 그녀는 주머니에서 두 번 접은 계획서를 꺼내 펴들고는 말했다. "읽어 보세요."

"아니, 내가 그걸 어떻게 읽겠니. 전부 연필로 쓰였잖니, 난 안경도 없고."

"자, 그럼 들어보세요, 제가 읽어 드릴게요."

그리곤 틸데는 읽어 나갔다. "자격을 갖춘 자는…… 무슨 말인지 이해하시겠어요?"

"아, 그럼, 계속 읽어 보렴."

"자격을 갖춘 자, 그러니까 적어도 1차 국가고시에 합격해서 증명서를 제출할 수 있는 사람이란 뜻이에요. 자격을 갖춘 자는 부디 우리 시의 시장직에 신청해 주길 요청함. 봉급은 3000마르크이고 주택이 제공되고 다른 부대조건이 있음. 아래의 서명자에게 직접 자기소개를 하지 않으려 하는 신청자는 증명서를 송부 바람. 서프로이센 볼덴슈타인 시청과 시의회"

노인은 긴 의자로 가서 앉았는데, 이는 평소에는 그러니까 이 귀중품이 후고의 5주간의 병으로 약간 손상되고 난 뒤에는 피하던 일이었다. "아니, 틸데야, 어떻게 그게 가능하니? 넌 정신이 없구나. 그러니까, 네 마법을 말하는 게 아니다. 그건 사라지니까. 그런데, 그 사람이 벌써 그 자리를 받은 게냐? 그런 사람들은 많을 텐데. 비록 그가 잘생겼고, 그의 눈빛을 보고 곧 '지금 주일 설교를 하나 보다.'라고 사람들이 생각하지만 말이다. 내 생각에 그런 사람들은 너무나 많아. 다들 그보다 더 잽싸니까, 그 자리를 낚아챌 텐데……"

"그만 하세요, 어머니. 기민함에 있어서 이번에는 그를 능가할 사람이 없을 거예요. 그는 오늘 밤 기차를 타고 거기로 갈 거예요. 볼덴슈타인은 역에서 한 시간 거리니까, 버스가 있을 거예요. 다섯 시에 역에서 출발하면 여섯 시에는 서프로이센의 볼덴슈타인에 도착해요. '밤색 말' 혹은 비슷한 이름의 다른 여관이라도 있을 거예요. 그건 바로 시청 건너편인데, 그는 열 시까지 거기서 잠을 잘 수 있어요. 물론 그는 먼저 푹 자야 해요, 그렇지 않으면 그는 쓸모가 없어요. 그러곤 아침 식사를 하고, 옷을 차려입고, 열두 시 정각에 나타나서 인사를 할 거예요. 그리고 모두가 곧 '바로 이 사람이 되어야 합니다.'라고 하지 않는다면, 전 이름을 바꿀게요. 늙은 슈메디케의 질투도 도움이 되는군요. 요하네스 축일 다음날 그 여자는 청첩장을 받을 거예요."

12장

정말로 슈메디케 부인은 청첩장을 받았다. 모든 일이 틸데가 내다본 대로 진행되었기 때문이고, 6월 24일 영국관[119]의 작은 홀에서 결혼식이 거행되었다. 주례를 맡은 하르트레벤 목사는 작은 피로연에도 참석해서 감각적이고 유머러스한 축사를 했는데, 이것은 교회에서 했던 축사보다 훨씬 더 나았다. 목사는 신부의 맞은편, 오빈스크에서 온 후고의 어머니와 여동생 사이에 앉았다. 후고의 여자 사촌 두 명도 있었는데, 이들은 각각 한번은 후고를 마음에 둔 적이 있었

119 베를린 미테 지역의 좋은 레스토랑.

다. 두 사람은 반은 폴란드계이고 매우 예뻤기에, 그런 사실을 숨기지 않았다. 그들은 엄숙한 예식 분위기가 가시자, 후고와 축배를 들면서 친척 아주머니 같은 입맞춤을 해댔는데, 그 소리가 얼마나 컸던지, 나뭇잎을 오므린 손바닥 위에 얹고 때리는 것 같았다. 그러면서 신부를 향해 "옛사랑은 녹슬지 않는다."라고 사랑스러운 협박을 했는데, 틸데는 이 모든 것을 아주 태연하게 받아들였다. 후고의 과거는 그녀를 그다지 불안하게 하지 않았고, 그건 별게 아니었을 터였다. 그러니 미래는 더더욱 불안하지 않았다. 게다가 오빈스크에서 볼덴슈타인까지는 15마일이나[120] 된다. 커피를 마시는 동안 사촌 둘은 하르트레벤 목사 곁에 앉아, 오빈스크의 가톨릭적인 생활에 관해 이야기했다. 가톨릭 신부와 결국 목사까지도 예쁜 두 아가씨의 입방아에 오르자 목사는 싱긋이 웃으며 귀를 기울였다. 그리고 그 자리를 떠날 때 목사는 오래전부터 현세주의자들의 우월함에 대해 갖고 있던 자신의 교리가 강해지는 것을 느꼈다. 그곳에는 자신의 마음을 털어놓을 수 있는 사람이 아무도 없었다. 그는 계단을 내려갔고, 이미 여러 결혼식으로 알고 있던 문지기에게 친절하게 웃으며 인사하면서, 현세주의자의 우월함에 대해 자신이 옛날부터 즐겨 쓰는 문장에 대해 곰곰이 생각하기 시

---

120 옛 1마일 = 7.5 킬로미터, 약 113Km의 거리.

작했다. "종교적인 경건함이란 묘한 것이야. 그걸 견딜 수 있는 사람은 몇 안 되거든. 아무것도 아니고 아무런 의미도 없다는 경박한 신앙심의 의도 안에는 자신의 하느님을 위해 뭔가 했다고 확신하는 이들의 요구와 확신보다 더 나은 뭔가가 숨겨져 있어. 이 아가씨들은…… 우아하고 하여간 겸손해, 그리고 저 매력적인 청년, 리빈스키는……"

그렇다, 리빈스키도 그 자리에 있었고, 이번에는 다른 신붓감과 함께였다. 그리고 그녀에 대해 "이번에는 진지하다."라고 주장했다.

"정말이야?" 후고가 물었다.

"그럼, 그녀는 비극 배우야."

슈메디케 부인은 나이든 뫼링 곁에 앉아서, 그녀가 결혼식 전날 밤을 위해 보낸 (이 예식은 생략되었지만) 선물에 관해 말을 많이 했다. 그것은 줄 세 개로 매달 수 있는 장밋빛 등이었다. 슈메디케 부인은 매우 구두쇠였다. "난 오랫동안 고민했어. 어떤 게 제일 좋을까, 하고 말이야. 슈메디케가 왔을 때 얼마나 어두컴컴했었는지 생각났지. 정말 무시무시한 순간이었어. 마치 범죄자가 다가오는 것 같았거든. 그렇지만, 남편은 나무랄 데 없는 사람이야, 그럴 수 없을 정도로 말이지. 그 뒤로 결혼식이 있으면, 난 이런 걸 선물해. 빛이 너무 많아도 안 좋지만, 흐릿한 것은 괜찮아." 나이든 뫼링은 고개를 끄덕이며, 비록 등에 대해 화가 나긴 했지만,

입을 다물었다.

그날 저녁, 신혼부부는 여행을 떠났다, 바로 볼덴슈타인으로 향했다. 첫 번째 밤은 퀴스트린, 둘째 날은 브롬베르크에서 지낼 계획이었으므로, 그들은 이 여행을 신혼여행이라 칭했다. 물론 후고는 그것을 자랑스러워했다.

"항상 드레스덴이나, 브륄 테라스,[121] 츠빙어[122]이어야 한다고 생각지 않아. 퀴스트린[123]에서 우리는 아침에 프리드리히 황태자의 감옥을 구경하고, 카테[124]가 처형된 곳을 구경할 거요. 그게 츠빙어를 보는 것보다 나을 거야." 틸데는 모든 것에 동의했다. 퀴스트린은 볼덴슈타인으로 가는 길에 있고, 가능한 한 빨리 볼덴슈타인에 도착하는 것, 그것만이 그녀에게 중요할 뿐이었다.

26일 점심때 그들은 도착했다. 그들은 전임 시장이 살던 집으로 들어갔다. 이 집은 오빈스크에서 온 후고의 어머니와 여동생이 오빈스크의 집에서 가져온 오래된 물건들과 볼덴슈타인에서 새로 산 가구들과 천으로 이미 꾸며 놓았었

---

121 드레스덴의 중심지, 엘베강의 양쪽에 500미터 가량 늘어선 건축물들.

122 드레스덴의 궁.

123 현재 폴란드 국경에 접한 도시, 프랑크푸르트 안 데어 오더 강의 북쪽.

124 한스 헤르만 카테(1704-1730), 프리드리히 황태자(후에 황제 프리드리히 II.)가 영국으로 도주하려던 계획을 도운 혐의로 처형당함.

다. “비쌀 테지만, 그다지 쓸모는 없을 거예요.”라고 틸데가 말했다. “그렇지만, 보상을 받을 거예요. 우리는 사랑스러운 사람이 되어야 해요. 볼덴슈타인이 이제 우리가 걸어야 하는 카드예요.”

7월 1일에 후고가 취임했고, 그의 취임 인사는 사람들의 마음을 사로잡았다. “저는 절반은 이곳 사람으로, 어렸을 때부터 프로이센의 힘은 여기 동부 지역에 있다는 믿음을 굳게 갖고 있습니다. 왕정이 그 이름을 갖고 있으며, 프로이센 왕국은 쾨니히스베르크[125]에서 유래합니다. 비록 볼덴슈타인이 이런 국가의 운명에 관여하는 부름을 받지 않더라도, 의무를 다하고 옛 프로이센의 미덕을 고수함으로써 모범이 될 만큼, 나라에는 명예, 황제 폐하에게는 기쁨이 될 만큼 작은 볼덴슈타인은 충분히 큽니다.” 이 부분에서 박수가 크게 터져 나왔는데, 이는 볼덴슈타인이 보수파에 표를 주었기 때문이다. 그렇지만 분위기를 파악할 줄 아는 후고는 이런 애국적인 표현에 보내는 소수의 조롱 섞인 웃음 또한 보았다. 그래서 후고는 다음과 같이 덧붙였다. “폐하에게 기쁨이 되고, 헌법의 수호자인 국왕에게 우리는 몸과 마음을 다해 신의를 지킵니다.”

---

125 프로이센 제국으로 확장, 통일되기 전 동프로이센의 수도. 현재 러시아의 칼리닌그라드.

연설의 마지막 부분은 회사 질버슈타인과 이젠탈[126]로 하여금 작은 모임을 추진하게 했고, 그 모임은 같은 날 저녁에 열렸다. 보수파들은 빠졌는데, 이는 후고에 대한 반대의 의미가 아니라, 진보 성향의 회사에 대한 항의의 의미였다.

그다음 며칠은 소란스러웠다. 후고는 시내와 변두리 지역, 그러니까 주의회 의원댁을 방문해야 했는데, 이 의원은 매우 환영받는 사람으로, 그와 연대를 해야겠다고 곧 결정을 내렸다. 그것은 쉽지 않았는데, 그 작은 모임이 상류층에도 자극을 주었기 때문이다. 틸데는 "상관없어요. 로마는 하루아침에 이루어지지 않았어요. 좋은 일에는 시간이 걸리는 법이에요."라고 말했다. 그녀는 먼저 집 안을 꾸미는 데 신경을 썼고, 조금씩 물건을 사들이면서 이 일을 완성해 나갔다. 그녀가 도착한 후 사흘이 되던 날 베를린에서 물건들이 도착했고, 그 가운데에는 등도 있었다. 후고는 슈메디케가 열을 내며 말한 그 등을 위해 좋은 자리를 내어주는 게 싫지 않았지만, 틸데는 "거기에 두면 아무도 못 보잖아요." 라고 말하면서, 복도에 걸었다. 그러나 물론 이곳에서도 그 등은 밝은 여름날에는 아무런 효과도 발휘하지 못할 것이 뻔했다.

---

126 유대인의 성.

이 집에서 가장 훌륭한 것은 예쁘고, 꽤 큰 정원이었다. 이 정원은 칠면조와 뿔닭들이 (모두 전임 시장에게서 물려받았다) 있는 앞마당을 지나면, 바로 집 뒤쪽에 있었다. 회양목 화단이 가운데를 가로지르고, 중간에는 해시계가 있고, 좌우 화단에 봉선화와 참제비고깔이 피어 있었다. 온통 전 주인이 좋아했음에 틀림이 없는 해바라기들이 무성하게 자라 있었다.

이곳에서 틸데는 유난히 유능했다. 자신이 만든 커다란 흰색 밀짚모자를 쓰고 후고가 시청에서 돌아오면, 후고와 팔짱을 끼고 이리저리 왔다 갔다 하면서 회의에 대해 말하게 했다.

"난 때때로 난처해져." 그가 말했다. "그들은 나의 법률가 자격증을 신뢰하고 있어. 그럴 때마다 어떻게 해야 하고 무엇이 옳은지, 난 항상 모든 것을 제대로 알고 있어야 해. 물론 난 항상 말을 하지, 그건 매우 어렵다. 그 일은 까다로운 사건이어서, 상황에 따라 이렇게 혹은 저렇게 결정을 내려야 한다고 말이야. 그 말을 하면서 내 심장이 뛰더라고. 내가 말하는 모든 게 말이 안 되는 것일 수도 있기 때문이야."

"당신은 시작을 잘못했어요, 후고. 법적인 문제가 뭐예요? 법적인 문제는 엉터리 변호사를 위한 것이에요. 뭔가 제대로 된 문제라면, 법률자문 노악 씨에게 물어봅시다, 라고 말해야 해요. 난 그 사람이 명석하다고 생각해요……"

"그래요, 틸데……"

"명석한 사람. 당신이 그렇게 말하면, 아무도 당신에게 심하게 하지 않을 거예요. 그리고 법률자문은 당신 편이기도 하고요. 그는 아마 그렇게 말할 거예요. '신사 여러분, 여러분은 드디어 제대로 된 시장을 만났군요. 영리하고 이해심 있는 시장 말입니다. 보통 그런 사람들은 스스로 모든 것을 알려고 하지요. 그건 어설픈 짓이에요. 그건 약사가 환자를 낫게 하려는 것과 같아요. 거기엔 더 많은 것이 있어요. 시장이라는 것은 행정 관리이고 작은 통치자일 뿐, 변호사가 아니에요. 제가 분명히 말하는데, 그는 정치가 무엇인지를 아는 사람이에요. 그는 행정 능력이 있고, 질서를 지키고, 아이디어가 있어요.'"

"그래요, 틸데……"

"아이디어가 있다고 제가 말하고 있어요."

"그렇지 그렇게 당신이 말하거나, 아니면 당신의 그 법률자문이 한 말이겠지. 그렇지만 누가 아이디어가 있단 말이오? 아이디어라, 그건 쉬운 것이 아니야."

"매우 쉬워요."

"아니, 틸데, 그건 바보 같아. 아이디어라……"

"아이디어란 갖고자 하는 사람에게 생기는 법이에요. 당신은 불안한 나머지, 자신에 대해 자신감이 없어요. 다른 사람들은 영리하고 놀랍고, 모든 것을 더 잘 이해한다고 생각하죠. 시장이 되면, 그런 생각은 이젠 버려야 해요……"

"당신은 쉽게 말하는군. 그렇지만, 그걸 해야 하는 건 나야."

"물론이죠."

"내가 그런 걸 해내고, 제안해야 한단 말이오. 그런데 내가 무슨 제안을 할 수 있겠소?"

"모든 걸요."

"아니, 그것은 바보 같은 짓이야. 당신은 '뭐든'이라고 말하지만, 난 아무것도 아는 게 없어."

"그건 당신이 두 눈을, 말할 것도 없이 귀도 닫고 있기 때문이에요. 당신은 항상 꿈속에 있는 것 같아요."

그가 웃었다.

"봐요, 여기가 시내와 이탄 채취장 사이의 길이에요. 알키텐 씨가 그러는데, 가을에 비가 오면 이곳은 전혀 지나다닐 수 없대요. 그곳까지 이탄을 갖고 들어가지 않게 되면, 어떻게 되는지 알 수 있을 거래요."

"그건 나도 들었소."

"그렇겠죠. 그렇지만, 당신은 아무런 생각을 하지 않잖아요. 내일 시의원들에게 제안하세요. 돌로 둑을 쌓거나, (단지 반 마일레[127]밖에 안 돼요) 아니면 진창에 마차가 박히

127 5천 보, 프로이센의 단위인 1 마일레는 1,000보.

지 않도록 돌 아니면 적어도 통나무로 길을 높이 쌓아야 한다고요. 그리고 통행소를 짓게 해요. 모두 시의 소유지니까, 주의원도 뭐라 하지 못해요. 1 그로세[128]로 사람들은 멋진 길을 갖게 되고, 자신들의 힘과 수단으로 그런 것을 건설했다는 걸 자랑스러워하겠죠."

"알았어요. 좋은 제안이오."

"그리고 당신은 수비대 문제도 추진해야 해요, 알키텐 씨가 말하길, 그 얘긴 이전부터 있었는데. 당신의 전임자는 원하질 않았대요. 자기 부인 때문에 무서웠나 봐요. 그 여자는 그러니까 꽤 활기찼다고 하죠……"

"그래, 맞아요."

"자, 당신도 알죠. 그리고 말 축사 때문에 그렇게 인색하게 구는 건 정말 바보 같은 짓이에요. 알키텐 씨는 시의원들이 그걸 원하지 않았다고 말하더군요. 왜 그랬죠? 그건 그럴 이유가 없기 때문이에요. 제 생각은 달라요. 만약 훌륭한 기병 대위가 이곳으로 온다면, 당신도 당신 아내 틸데를 잘 알죠."

후고는 확실히 알고 있다고 보장했다.

"연대 전체를 말하는 건 물론 아니에요. 그러기에 볼덴슈타인은 너무 구석진 시골이고, 질버슈타인과 이젠탈도 그건

---

128 독일의 소 은화.

어쩌지 못해요. 레베카 질버슈타인도 마찬가지예요. 예쁘기는 하죠. 하지만, 결혼 상대는 아니죠. 그 밖에도 그녀는 너무 엄격해요. 그러니까 전체 연병대가 아니에요, 이곳에는 귀족 출신 장교를 위한 숙소도 없잖아요. 기껏해야 우리 집 2층에……"

"틸데……"

"그렇지만, 두 개의 기병대, 그건 가능해요. 그러니까 계산해 보세요. 어떤 결과가 있을지. 먹을 빵에 대해 말하는 것이 아니에요. 그건 그들 스스로 구울 테니까요. 그렇지만, 300마리 말과 300명, 게다가 장교식당도 있어야겠지요. 젊은 여인들과 무도회, 극장. 질버슈타인은 군대를 싫어하지만, 어떻게 되겠죠. 빵집과 정육점은 완전히 다른 차원이 될 것이고, 볼덴슈타인이 더는 촌구석이 아니고 도시가 된다면, 사단이 이곳으로 옮겨오고 기병 작전을 하겠지요. 만약 사령관이 우리 집에 머문다면, 당신은 왕의 훈장을 떼고, 당신은 몰라요, 얼마나……"

후고는 참제비고깔꽃을 따서 틸데의 허리에 꽂아 주려고 몸을 굽혔다.

"봐요, 후고, 그러니 당신이 그 일을 시작해야 해요. 그들이 항상 떠들어대는 그 모든 소소한 것들, 그런 것으로는 당신은 해낼 수 없어요. 그건 누구나 할 수 있는 일이지요. 그렇지만 항상 끝까지 주시하고, 전체에 어떤 파장을 미치는지 살피는 것, 그렇게 당신은 해내는 거예요. 그게 바로 내가 아이디어라고 하는 거예요. 아무나 세상을 좀 더 높은 곳으로 옮길 수 있는 건 아니에요. 하지만 볼덴슈타인이 몇 주에 한 번씩 신문 기사에 나고, 사람들에게 '볼덴슈타인이란 곳이 있다'라고 알게 하는 것 — 후고, 그건 가능해요. 그리고 그건 당신 손안에 있어요……"

"아니, 당신 손에" 후고는 웃었다. "당신 말이 옳아, 그렇게 해봅시다."

13장

틸데와 후고의 대화는 후고가 시청에서 집으로 돌아오면 이런 식으로 진행되었다. 가을 무렵이 되어 매일 저녁 현등을 내렸고, 수지[129] 등불도 안으로 들였다. 그 빛이 정말 아름다워서 지나가는 사람 중에 거기에 눈길을 주지 않는 사람이 없었다. "베를린 사람들은 그런 것에 감각이 있단 말이야." 레베카 질버슈타인도 저런 것을 사달라고 아버지에게 졸라댔다. 그렇지만 그는 반대했다. "레베카, 그 사람이 오

129 소, 양의 피지.

면, (그가 누구인지 말하지 않겠지만) 그럼 그 등을 갖게 해 주마. 장밋빛이 아니라, 루비색으로 말이다. 네가 잠들면 너는 천상의 광채를 갖게 될 거야."

레베카는 이런 식으로 미루는 게 불만이었지만, 아마도 그녀 혼자만이 이 도시에서 불만이 있는 사람이었을 것이다. 다른 사람들은 신임 시장에 대해 기뻐했고, 많이 읽고 매우 교양 있게 말을 하는 질버슈타인은 "그는 이니티아티베[130]가 있어. 누구나 이니티아티베가 있지만, 바로 이 이니티아티베야 말로 높은 사람과 낮은 사람을 구별해 주는 것이지.[131]" 라고 말했다. 항상 반대만 하는 이젠탈은 이때도 반대했다. 그렇지만 질버슈타인이 열을 내면서 "아무 말 말게, 이젠탈, 아니면 자네는 부당한 일을 하거나, 그런 것을 자네 머릿속에 담는 것이네. 그는 나탄[132] 같지 않은가? 반지 세 개를 가진 사람 같지 않아? 정의롭고, 사도처럼 보이지 않는가? 그리고 그의 부인은, 아주 교양 있는 사람으로, 삼위일체에 대해 말했다네. 로마의 교황과 루터, 그리고 모세는 하나로 승화되어야 한다고 말이야. 그리고 그것이 바

---

130 이니셔티브의 독일식 발음. 입법 발의권.

131 초판본에서는 Iniative이니아티베와 Initative이니타티베로 표기되어 있음. 라데케의 판본에서는 같은 단어를 중성과 여성 관사로 구분하고 있다.

132 독일의 계몽주의 극작가 레싱의 드라마 《현자 나탄》.

로 프로이센이라고. 그녀는 이런 삼위일체 때문에 축복을 받았다고 했네. 그녀는 그런 말을 했다네. 말하지만, 모세는 남아 있네. 모세가 우위에 있어."라고 말했다.

모든 일이 잘 진행되었다. 주의원만이 냉담했다. 그도 그럴 것이, 자신의 빚을 그늘로 만들 "이니티아티베"도, 후고의 나탄과 같은 성격이나 세 종파에 대한 공정함에도 그다지 감동하지 않았기 때문이다. 특히나 주의원 부인이 후고를 "배제"한 모임들이 있었다. 그녀는 댄서로 처음에는 아그람[133]에 있다가 빈에 갔고, 스스로 기독교-게르만적인 것을 확고히 하는 것을 삶의 과업으로 삼았다.

후고는 여러 번, 매우 난처한 상황에 빠졌고, 늦가을까지 계속된 정원 산책 중 그것에 관해 틸데에게 여러 번 말을 했다.

"당신은 이해 못 해요." 틸데가 말했다. 그리고는 나무에서 회색 배[134]를 땄다. "보세요, 후고. 아직 딱딱하지요. 당신은 맛이 들기 전에 그걸 4주 동안 갈대 위에 올려 두어야 해요. 그렇지만 4주가 되기 전에 난 주의원을 당신을 위해 부드럽게 만들어놓겠어요. 그는 아주 좋은 사람이고, 천성적으로 아주 사랑스러운 사람이에요. 그의 종교를 바꿀 수

---

133 현재 크로아티아의 자그렙.

134 껍질이 녹색과 회색이 섞인 연하고 즙이 많은 배.

없다고 해서 옳은 일을 하지 못하는 것은 아니에요. 댄서와 결혼한 사람은 마음이 약하기 마련이에요."

후고는 반대파에 시달렸고, 그 끝이 보이지 않았기 때문에 한숨을 내쉬었다. 그렇지만 그는 틸데를 과소평가했다. 4주가 채 지나지 않았고 회색 배가 아직 식탁에 나오기 전, 그러니까 11월 말경에 지방의회 회의를 하고 집으로 온 후고는 주의원의 호의에 대해 끝없이 이야기할 수 있게 되었다.

틸데는 아무 말도 하지 않았다. 후고는 그날 저녁 클럽에서 질버슈타인을 만났고, 그때 비로소 어느 정도 분명하게 상황을 파악하기 시작했다.

"읽으셨습니까, 그로스만 씨?" 그는 눈을 찡긋하면서 물었다. 후고가 아니라고 대답하자, 그는 볼덴슈타인 사람들이 가장 많이 읽는 《쾨닉스베르거 하르퉁》[135]의 지지난 호를 건네면서 "아주 잘 썼어요. 훌륭하다고 말하고 싶군요. 그건 사실입니다. 주의원은 훌륭한 분이지요." 그렇게 말하며 신문을 건네받은 후고를 혼자 남겨 두고 떠났다.

후고는 고개를 끄덕이며 의자에 앉았다. 그 옆 탁자에는 여덟 개의 포도주잔과 오렌지 무스, 바움토르테,[136] 작은 코

135 동프로이센을 대표하는 오래된 신문, 자유-진보적 성향으로 친 유대인 성향을 갖고 있음.

136 단면이 나무 테 모양을 한 케이크.

리안더[137] 과자가 있었다. 그는 이미 큐라소[138]를 주문했기에, 그걸 마시면서 파란 밑줄이 그어진 부분을 읽어 내려갔다:

"볼덴슈타인, 9월 14일. 우리 지역에는 벌써 선거[139]를 향한 움직임이 있다. 그에 대한 별다른 긴급사항이 없는데도 말이다. 왜냐하면, 슈무케른 주의원이 당선될 것이 확실하기 때문이다. 지금까지의 보도에 따르면, 그의 경쟁자는 출마를 포기했다고 한다. 폴란드-가톨릭 그리고 진보당도 폰 S. 주의원의 탁월한 행정 수행능력이나, 인품에 대해 같은 의견을 갖고 있으며, [그것을 그들의 의무로 생각하고 있다] 이외에도 그들의 정치적인 신념을 걸고 그에 대한 신뢰를 표명하고 있다. 바로 여기에 한 사람의 승리를 이야기할 수 있는데, 이 점이 더 빛이 나는 것은 주의원의 집안이 폴란드계의 호감을 받고 있다는 것이다. 폴란드계가 중시하는 세련된 가풍은 그의 집안에도 자리 잡고 있다. 이러한 가풍은 사회적으로 고립되어 있다 하더라도, 진보성을 보여주는 것이며, 전적으로 높

137 향료의 일종.

138 오렌지 리큐르. 네덜란드의 섬 큐라소의 이름을 따서 만든 순한 주류.

139 1890년 2월 20일 독일제국 의회 선거.

이 평가되어야 할 것이다. 이는 지배적인 목소리가 우수한 것을 뜻할 뿐 아니라, 가장 훌륭한 인간성일 수도 있음을 보여준다. 폰 슈므. 부인은 성탄절 구유 제작모임을 만들어 세 번째 종교[140]도 동참하도록 했고, 이 모임의 활동은 성탄절 저녁 가난한 이들의 집에 기쁨이 깃들이게 할 것이다. 모든 문제를 초월해서, 우리 지역사회는 무엇보다도 바이크셀[141]과 편하게 연결되는 철도 노선이 필요하다. 이것은 모든 정당이 공감하는 안이다. 이 철도를 건설하기 위해서도 폰 슈므. 의원은 적합한 인물이다. 왜냐하면, 그는 왕궁과 긴밀한 관계를 맺고 있기 때문이다. 귀족은, 시대를 파악하고 독점권을 포기한다면, 항상 그 지역 최고의 대표들이다."

후고는 손에서 신문을 놓고 코리안더 케익을 집었다. "아, 그랬구나. 저 사람은 내가 이 글을 썼다고 생각하는구나. 볼덴슈타인에서 이런 글을 쓸 수 있는 건 세 명이지. 그 가톨릭 선생, 질버슈타인과 나. 질버슈타인과 가톨릭 교사가 내부적인 이유로 좋을 수는 없으니까, 나라고 생각한 거겠지……" 그는 질버슈타인에게 뭔가를 물어보기 위해 일어

---

140 유대교.

141 현재 폴란드의 비스툴라 강.

나서 홀 안을 둘러보았다. 그렇지만, 그가 없어서 후고는 집으로 향했다. 도중에 갑자기 그런 생각이 떠올랐다. 혹시, 그런 게 아닐까……? 아니야, 그럴 리 없어, 그건 불가능해. 그러기에 모든 것이 너무나 능숙하고, 너무 숙련되어 있어. 그런 생각을 하면서 그는 방으로 들어섰다. 틸데는 그때 종 모양의 등에 붉은색 종이를 씌우고 있었다. 소파 탁자에는 신문이 놓여 있었다.

"안녕, 틸데, 무슨 일이라도?"

"그건 당신이 알겠죠, 당신이 외출했었으니까요."

"클럽에 있었어. 십오 분 정도만. 주의원은 아첨꾼 같았어. 그런데 질버슈타인이 내게 와서 하르퉁 신문을 주더군. 거기에 볼덴슈타인 발 기사가 있었어."

"아, 잘된 일이에요. 전 그게 이미 틀어졌다고 생각했거든요."

"아니, 틸데, 그렇다면 결국 당신이 그 기사를 보냈단 말이야?"

틸데는 웃었다. "네, 그 주의원 이야기는 다른 식으로는 안 돼요. 더는 그렇게 둘 수도 없었고."

"아니, 정말 당신이 그 기사를 썼단 말이오?"

"아뇨, 원래는 쓴 게 아니죠."

"그렇다면 누구란 말이오?"

"어떤 불명의 사람이죠, 그 사람 덕이죠. 그러니까 우리가 이야기할 때, 난 매일 포스지[142]가 선거 문제를 언급한다는 것을 알게 되었죠. 그러길 일주일, 그 모든 것을 전 미슬로비츠의 작은 신문에서 보았어요. 그 뒤에 모든 걸 준비했죠. 먼저 골격이 잡혀 있으면, 인형 만들기란 쉽거든요."

그는 기분 좋게 웃어넘기긴 했지만, 속으로는 조금 당황했다. "틸데, 그런 일은 하지 않는 것이 좋았을 텐데."

"당신이 내게 고마워할 거라고, 생각했죠. 내가 그 일을 조정하고 당신의 위치를 편하게 했으니까요."

"그래요, 그렇지만 그 일이 잘못될 수도 있잖소. 한 번은 실패할 수도 있으니까."

"물론이에요. 모든 게 잘못될 수 있겠죠. 그렇게 겁을 먹으면, 가만히 앉아서 아무것도 하지 못해요. 실패란, 그렇게 될 때까지 기다린다는 거죠. 그때까진 한 사람이라도 내게 신경을 써 준다면 기쁘겠어요. 굉장히 교양 있는 질버슈타인은 항상 당신의 이니티아티베라는 말을 해요."

"그렇소, 그건 가끔 날 매우 난처하게 해요. 적어도 그 자리에 당신이 있으면. 그런데 당신에게 부탁하는데, 너무 과하지는 말아요."

---

142 die Vossische Zeitung. 1751년 크리스티안 프리드리히 포스가 창간한 신문.

14장

《하르퉁》에 기사가 나간 후, 볼덴슈타인과 그 근방에서 후고의 위상은 눈에 띄게 나아졌다. 틸데의 주선으로 특별수당 신청과 승인이 나자, 가톨릭 교사도 같은 편이 되었다. 틸데도 자신이 이룬 것에 기뻐하면서, 유행에 따라 차려입는 것으로 그 기쁨을 표현했다. 이를 위해 자주 포센과 브레슬라우로 가는 질버슈타인이 물심양면으로 도움을 주어야 했다. 클럽이 인맥을 만들었고, 주의회 의원댁에 초대될 것이 거의 확실해졌다. 그녀가 매우 영리하고 세상이 어떻게 돌아가는지 항상 알고 있다는 견해가 차츰 굳어지기 시작했다. 이젠탈조차 "그녀는 풀이 자라는 소리까지 듣는다[143]." 라고 인정했고, 경의를 표하면서 "우리와 같은 뭔가가 있어." 라고 말했다.

그녀는 전반적으로 그런 것에 신경 쓰지 않았으며, 냉정하고 숙고하는 자세를 유지했다. 작은 변화가 있다면, 애교를 부리려고 명백하게 노력했고, 후고에게 여성적인 매력을 발휘하려고 했다는 점이다. 어느 정도였느냐 하면, 그녀는 복도에 매달린 등을 침실로 들이면서 후고에게 "이건 바깥 복도에서 제 할 일을 다 했어요. 장밋빛이 아무것도 아닌 듯

143 매우 촉이 좋다는 의미의 속담.

이 보여서 참으로 안타깝군요. 루비색 유리여야 했는데. 그랬더라면 그 빛에 빰이 붉어질 텐데. 참 좋은 슈메디케! 어머니가 뭐라 하실지……"

"그래요." 후고가 말했다. "어머니는 당신에 대해 기뻐하실 거야. 내가 생각해 봤는데, 파티에 초대하는 게 어떨까."

"안 돼요, 후고. 아직 그럴 상황이 못 돼요. 어머니는 이등칸을 타야 하는데, 적어도 브롬베르크부터는. 그래도 그건 안 돼요. 우리가 어머니를 돌봐야 하고, 물론 그래야 해요. 어머니는 나이가 들었고, 항상 혼자에다, 룬첸만 곁에 있을 뿐이잖아요. 그건 기분 좋은 일은 아니죠……"

"그렇지" 후고는 동의했다. 그는 단지 그 이름을 말하는 것으로도 겁이 났다.

"룬첸과 그보다 나을 게 없는 슈메디케. 이곳으로 초대하는 건 불가능해요. 어머니에게 소포를 보내죠. 햄, 계란, 버터, 토른 빵[144] 여섯 팩, 오래전부터 가지고 싶어 하던 검은색 장갑, 털 달린 고무 부츠도요. 어머니를 이곳 우리의 클럽으로 부르는 것보다 더 좋아하실 거예요. 그리고 도대체, 그건 말이 안 돼요. 주의원도 있고, 그 부인도 있을 텐데. 생각해 보세요, 어머니와 주의원 부인이 함께 앉아 보스톤 게임을 하는 모습을요. 내가 알기로 어머니는 보스톤

144 토른 지역의 유명한 후추 케이크.

게임을 할 줄 몰라요. 아버지가 돌아가신 뒤에 어머니는 항상 혼자 그림 맞추는 것만 했거든요. 이곳 사람들이 어머니를 비웃는 건, 그건 내겐 마음 아픈 일이에요. 그리고, 우리 때문에도 그래요, 후고. 우리는 책과 신문에서 이야기하는 '상류층 1만 명'에 속해요. 비록 볼덴슈타인이 삼천오백 명이고, 시골의 귀족이란 게 도시의 유지 정도이긴 하지만. 우리가 바로 그런 사람이에요. 그러니까 안 돼요. 제 생각엔 한 일 년은 기다리는 게 어때요. 그러면 당신이 휴가를 내고, 우린 어머니를 방문하죠. 그리고 리빈스키가 어떻게 되었는지도 볼 수 있고요."

후고는 모든 것에 동의했다. 그도 단지 틸데를 기쁘게 해주기 위해 노인 이야기를 했을 뿐이다. 동시에 그는 크리스마스 선물에 대해 생각했다. 후고도 루비유리가 훨씬 더 예쁘다고 생각했다.

크리스마스에서 새해로 넘어가는 주는 진탕 먹고 마시면서 지나갔다. 지난 4주간 제국의회에 참석했던 주의원이 돌아왔고, 잇따라 연회가 열렸다. 성탄절 저녁에는 모든 종파의 가난한 아이들을 위한 구조물이 세워졌고, 이것을 틸데, 주의원 부인과 레베카 질버슈타인이 주도했다. 송년회 저녁에는 클럽에서 연극《헤라클레스》[145]와《다모클레스의 검》[146]이 공연되었다. 후고도 함께하고 싶었지만, 포기해야 했다. 그것은 적절하지 않았기 때문이다. 질버슈타인이 제본업자 클라이스터[147] 역을 맡았고, 그의 연기는 되링[148]을 떠올리게 한다는 말을 들었다. 후고는 저녁 내내 리빈스키를 생각했고, 그가 공연예술에 발 담그고 있는 것이 부러웠다. 그러나 곧 이어진 무도회가 그의 우울한 생각을 날려버렸다, 그는 주의원 부인과 폴로네이즈[149]를 추기 시작했다. 주의원은 틸데와 함께 그 뒤를 따랐다. 틸데는 매일 아침 연방의회 보고를 읽었고, 종파 혼합학교[150]에 대한 질의에 대해 주의원이 답변했던 훌륭한 문장을 인용했다. "정치에 관심이 있으시군요, 친애하는 부인." — "그래요, 의원님. 저를 둘러싼 소소한 상황을 느낄 때마다, 새롭게 변화하고 싶은

---

145 게오르크 프리드리히 벨리의 1863년 작, 베를린의 아마추어 무대에서 인기 있던 1막의 소극.

146 아마추어 무대에서 인기 있던 1막의 해학극.

147 《다모클레스의 검》의 주인공.

148 테오도르 되링(1803-1878), 1845-1878년 베를린 왕립극장의 배우, 성격배우로 유명함.

149 무도회를 여는 느린 3박자의 폴란드 춤.

150 종파와 종교에 상관없이 함께 교육하는 학교, 반대 개념은 가톨릭 또는 개신교 학교.

갈망이 점점 더 커진답니다. 제가 말하려는 건, 이상까지는 아니지만, 변화만이 더 높은 것을 가져다줄 수 있다는 겁니다. 후작님[151]의 연설이 지금의 저를 만들었다고 말씀드릴 수 있어요. 피와 철이 너무나 자주 언급되지요. 그렇지만, 그 연설에 대해 개인적인 말씀을 드린다면, 그건 철의 샘과 철광 온천이지요. 전 매번 원기가 회복되는 걸 느낀답니다."

한 시간 동안 만찬을 위해 춤이 중단되었고, 주의원과 시장이 마주 앉았다. 두 시에 다시 춤이 시작되자 그들은 나란히 앉았고, 시의원이 말했다. "시장님, 당신은 아주 훌륭한 부인을 두셨어요. 다방면에 재능이 있어요. 전 기자만큼 아니 그보다 소식을 더 잘 알죠. 기자들은 기계처럼 귀와 손을 가지고 소식을 따라다닐 뿐이니까요. 그렇지만 시장님의 부인은, 정말, 벌써 한눈에 알 수 있지요. 용기와 혈통 그

---

151 프로이센의 재상 비스마르크.

리고 세련됨을요. 말씀해 보세요. 결혼 전 성이 어떻게 되죠? 아마도 이주민[152]이나, 칭호를 버린 귀족의 성이겠죠." 후고는 성을 댔고, 이미 취해버린 주의원은 계속 지껄였다. "들어보시오, 시장님. 거기엔 뭔가가 있어요…… 혹 어머니가……"

후고가 말했다. "제가 알기로는……"

"글쎄, 어디서 연유하건 어쨌든 상관없어요. 만약 그런 게 있다면, 굉장한 기억력이 있어야겠지요."라고 주의원은 끝맺었다.

후고는 마지막에 주의원 부인과 라도바[153]를 추었고, 두 사람을 밖에서 기다리고 있는 썰매까지 동행했다. 후고는 깊이 파인 조끼와 연미복을 입고 있었고, 밖에는 카르파티아[154] 산맥에서 동남풍이 불었다. 한 시간 뒤 틸데와 함께 집에 도착했을 때, 그는 열이 나고 기침을 했다.

"틸데, 몸이 좋지 않아요. 설탕물 좀 주겠소?"

"항상 그거군요. 설탕물이라니. 무도회에서 돌아와서 누

---

152 1685년 브란덴부르크 선제후의 칙령에 따라 프랑스의 개신교도가 포츠담으로 이주해 왔고, 이런 관용정책의 결과 수많은 난민의 안식처가 되었다. 1811년까지 브란덴부르크와 베를린의 프랑스인 구역은 경제적, 법적 특권을 누렸다.

153 보헤미아 지역 (현재 체코)의 느린 왈츠 템포의 춤.

154 폴란드, 슬로바키아, 루마니아, 우크라이나에 걸쳐 있는 산맥.

가 그런 걸 마신대요? 커피를 한잔 만들어줄게요." 그리고 그녀는 등을 들고, 주전자를 불 위에 얹고, 그에게 3로트[155] 커피를 타 주었다.

그는 심하게 열이 났다.

밤새 날씨가 달라졌다면, 고열은 별로 중요하지 않았을 것이다. 그렇지만 바람이 점점 더 동쪽으로 불었고, 쉰다는 것은 생각할 수 없었다. 왜냐하면, 여기저기 방문할 곳도 많았고, 오후에 있을 피크 썰매[156]와 좌석이 있는 썰매를 준비해야 했기 때문이다. 거기서 빠진다는 것은 더더구나 불가능한 일이었다. 후고가 헤어지면서 주의원 부인을 정중하게 초대했기 때문이다. 여기에는 약간의 허영심도 섞여 있었다고 할 수 있다. 그는 훌륭한 스케이트 선수였고, 휴식 시간에 그런 모습을 보여주고 싶었기 때문이다. 틸데는 그에게 아침 식사 때 포도주 한 잔을 권했지만, 그는 귀리죽이 필요한 상태였다. 점심때도 다른 것을 먹지 않았고 세 시경의 약속 때문에, 빙판으로 출발할 무렵 아이슬랜드 모스파스틸레[157] 한 포만 먹었다. 그는 매우 달라 보였고, 틸데는 이를 놓치지 않았다. 그녀 자신도 따르는 모든 담금질의 원칙

155 옛날 프로이센의 단위, 1 로트(Lot)는 14,606 그램.

156 막대기로 얼음을 지치는 1인용 썰매.

157 아이슬란드 모스로 만든 기침과 인후통약.

에도 불구하고, 후고에 대한 분명한 연민이 없지는 않았으므로, 그녀는 빙판에서 그를 다시 불러들이고, 아직 도착하지 않은 시의원 부인이 도착하면 양해를 구하려 했을 것이다. 만약 그 전날 알게 된 나이든 폴란드 백작이 그녀를 부추기면서, 두 마리의 망아지가 끄는 작은 조가비 모양의 썰매로 이끌지만 않았더라면 말이다. 그녀는 이 제안을 받아들여야 했는데, 그는 근방에서 가장 부유하고 명망 있는 사람이었다. 그는 이미 칠순을 넘어선, 매우 특이한 사람이었다. 틸데의 솔직하고 기죽지 않는 태도는 이미 송년회 저녁 때 그의 마음에 들었었고, 그녀가 그의 제안을 아무런 이의 없이 받아들였을 때 그는 매우 기뻐했다. 그는 직접 썰매를 몰며, 자신의 모피로 좌석 주위를 싸고, 그 오른쪽 끝을 틸데가 붙잡고 있도록 해서, 틸데는 모피로 덮인 듯이 보였다. 그렇게 썰매는 빙판 위를 달렸고, 종소리가 울려 퍼졌다. 하얀 덮개가 바람에 나부꼈다. 그때, 노인은 대화를 이어 나갔다. “기쁩니다, 부인…… 맙소사, 사람들은 알죠……. 대도시…… 다른 사람들…… 아, 베를린…… 프로이센 같지도 않고, 그다지…… 그러나, 베를린은…… 베를린은 아주 기묘한 도시이지요, 아주 멋진 곳이고요.”

틸데는 웃으면서, 자신은 그 점은 별로 느끼지 못했노라고 말했다. 자신이 아는 베를린은 아주 조금 멋지다, 너무나도 조금, 아무 일도 일어나지 않는다고 말했다……

"그래요, 부인, 그건 사물을 바라보는 곳에 따라 다르겠지요. 전 항상 전면에 섰어요, 점점 더 앞으로."

"백작님, 제 생각에는 당신의 사회적 위치가……"

"아니에요, 사회적인 게 아닙니다. 큰 문 앞에서요. 수많은 불빛과 수많은 그림자가 있었어요. 그때 가면무도회를 했는데, 크롤에서요. 크롤을 아세요?"

"물론이죠, 백작님. 베를린 사람이라면, 크롤을 알지요."

"그곳에서 우리는 가면무도회를 했지요. 난 박쥐 백작이었어요. 우리는 오르페움[158]에도 ……"

"그 얘기는 들었어요……"

"그런데, 전 보았답니다. 아주 기묘한 도시예요. 멋지긴 하지만, 찌푸린 얼굴을 보지 못했거든요……"

"그건 사실이에요."

"매우 자유로운 도시이기도 하고요."

"제 생각엔 모든 곳이 그렇진 않은 것 같은데요."

"물론, 그렇겠지요. 그것도 역시 시각의 문제이겠지요, 부인. 제가 있었던 곳은 매우 자유로운 곳이었어요. 그리고 잘못된 수치심도 없었고……"

"그렇다면, 제대로 된 수치심은 있었겠지요."

"수치심이란 항상 잘못된 것이지요. 항상 찌푸린 얼굴.

158 베를린의 유명한 댄스 클럽.

전 자유로운 것을 좋아합니다."

자유가 있는 베를린의 모든 술집에 관한 이야기가 계속 되었다. 빙판을 가로지르는 균열이 갑자기 진로를 방해하고, 그들을 되돌아가게 하지만 않았더라면, 백작은 어디 끝까지라도 갔을 것이다. 몇 분 후에 그들은 호수에 다시 도착했고, 그곳에는 볼덴슈타인의 명사들이 모여 있었다. 젊은 이들은 펀치와 화덕에 와플을 올려놓은 천막 주위에 있었다. 그곳에서 기름 연기가 뿜어져 나왔다. 이 천막의 전면에 썰매들이 서 있었고, 천막을 등지고 있는 의자에 후고와 시의원 부인이 앉아 있었다. 그들도 방금 썰매를 세우고, 쉬는 중이었다. 바로 그곳에 백작의 조가비 모양의 작은 썰매가 멈춰 섰고, 틸데가 붙잡혀 있는 감옥에서 풀어주기 위해 양털 덮개를 젖혔다.

"자, 친애하는 부인. 그러지 말았어야 했는데……"

"무엇을 말인가요, 백작님?"

"납치 말입니다. 제가 마치 지하세계의 신이나 플루토[159] 처럼……"

"아니, 왜 더 높이지 않으세요? 주피터는 안 되나요?"

"아, 알겠어요. 변신 때문이군요. 부인은 독설가십니다."

그는 주위에 둘러서 있던 사람들에게 손을 흔들어 한 사

---

159 로마신화에서 지하세계의 신.

람을 오게 했고, 그에게 채찍을 주고 썰매를 붉은색 버드나무 덤불이 강가에서 빙판 위로 늘어져 있는 한편에 세우도록 했다. 그리고 백작은 팔로 후고를 감쌌고, 펀치를 마시러 오두막으로 갔다. 화덕에서 조금 떨어진 곳에 찢어진 소파가 있었다.

“반갑습니다, 시장님. 아주 매력적인 부인을 두셨군요. 영리하고, 예민하지도 않고. 모든 것을 보고, 항상 생각하죠, 모든 건 지나가, 설마 죽지는 않겠지, 하고.”

후고는 기분이 좋아져서 이 말에 수긍했다. 이것이 대도시의 교육이라고.

“네, 기묘하지만, 멋진 도시지요.”

이 말에는 틸데에 관해 확신을 가진 후고를 동요하게 하는 뭔가가 있었다. 그렇지만 그는 그 생각에 오래 매달리지 않았다. 갑자기 심한 기침이 나와서, 소파 손잡이를 꽉 붙잡아야만 했기 때문이다. 기침이 멈추자, 백작이 펀치를 가지고 왔다. “이게 가라앉힐 겁니다.”

후고는 이를 거절해야 했기 때문에 당황했다. 펀치는 그의 상태를 더욱 악화시킬 것이다.

“아닙니다, 펀치는 절대 악화시키지 않아요.”

백작은 약삭빠르고, 약간 충혈이 된 눈으로 후고를 보았고, 그제야 백작도 이 상황에 펀치가 만병통치약인지 의심이 들었다. 그래서 백작은 밖으로 나갔고, 의자에 앉아 주의원 부인과 이야기하고 있는 틸데를 불렀다.

"부인, 부군 말입니다. 그분을 양털로 감싸서, 하인을 시켜 집에 보냅시다." — "우리가 가는 게 낫겠어요, 백작님." 틸데가 말했다. 그녀는 몽롱해서 이리저리 휘청이는 후고를 이끌고 시내로 향했다.

그녀가 떠나자, 백작은 주의원 부인 곁에 앉아서 "볼덴슈타인은 새 시장을 찾아봐야 할 겁니다." 하고 말했다.

주의원 부인은 웃었다. "백작님에게는 투시력이 있나 봅니다."

"아뇨. 하지만, 난 알 수 있어요."

15장

의사는 왕진 중이었다. 그는 아침에야 비로소 왔고, 틸데가 오래된 뫼링의 민간처방에 따라 환자에게 식초 물에 적신 빵 껍질을 준 것에 크게 이의를 제기하지 않았다. "해를 준 것은 없습니다."라고 말하면서 "많은 일을 하셨군요."라고 덧붙였다. 그리곤 그는 알테아 차[160]를 끓이게 했고, 틸데가

---

160 접시꽃 속잎으로 만든 차.

"그게 도움이 될까요"라고 묻자, 그가 웃으면서 말했다, "어느 정도는요, 폐렴입니다. 무엇보다 휴식이 중요합니다."

틸데는 훌륭한 간병인이었다. 마치 분초에 목숨이 달린 듯 후고에게 정확하게 약을 주었다. 그녀는 믿지는 않았지만, 아무것도 빠뜨리고 싶지 않았다. 오전 시간에는 침실이 병실로 바뀌었다. 정원으로 향하는 창문에는 커튼이 드리워졌고, 앞방으로 통하는 문은 열린 채, 반쯤 커튼이 내려져 있었다. 틸데는 환자가 아무런 부탁을 하지 않았지만, 자주 안을 들여다보았고 다시 창문 쪽으로 갔다. 이 돌출된 창문은 전임 시장부인이 남겨 둔 것이었다. 창문에는 유행에 뒤떨어진 발판과 창문 거울[161]이 있었다. 거울은 그다지 필요가 없었다. 볼거리가 별로 없어서, 비출 것도 없었기 때문이다. 장이 서는 광장 중앙에 시청이 있었다, 경사진 목조 계단이 2층으로 이어졌고, 좁은 통로가 계속되었다. 모든 것이 나무로 되어있었다. 시청 바로 옆에는 오래된 생필품 가판대가 문이 잠긴 채 눈에 덮여 있었다. 광장의 다른 쪽에는 뢰벤 약국이 있었고, 관리 약사가 하품하고 있었다. 시장님을 위해 조제하고 더는 할 일이 없었기 때문이다. 그 옆에는 빵집이 있었다, 사각 틀에 구운 케이크가 놓인 비스듬

---

161 19세기에 유행하던 창에 부착된 거울로, 바깥의 동향을 몰래 비춰볼 수 있게 만든 거울.

한 진열장 앞에는 놀라는 아이들이 서 있었다. 태양이 밝게 그 위를 비추고 있었고, 틸데는 설탕이 가장 많이 발린 자리를 알아볼 수 있었다. 이 모든 사물 사이로 틸데의 눈이 움직이더니, 이번에는 거울의 도움으로 다른 방향으로 눈길을 돌렸다. 그녀는 우체부가 헤어초크-카시미르 거리를 올라오는 것을 보았다. 그는 곧장 집으로 들어왔고, 틸데는 편지를 받기 위해 그쪽으로 갔다. 하나는 브레슬라우에서 온 것이고, 그러니까 이건 계산서이거나 명세서이리라. 다른 하나는 리빈스키가 보낸 (이번에는 다른 여자와의) 청첩장이었다. 세 번째는 어머니의 편지였다. "그로스만 시장부인, 전 뫼링. 서프로이센의 볼덴슈타인." 글자는 마치 세탁물 전표처럼 진하게 쓰여 있었다. "맙소사, 제발 내 처녀 때 성을 쓰지 않으면 좋으련만. 뫼링은 너무 초라해." 그리고는 문의 커튼으로 가서 귀를 기울였고 침실에서 아무런 소리도 들리지 않자, 다시 창가로 가서 세 개의 금색 격자가 달린 작은 검은색 의자에 앉아서 편지를 읽었다.

사랑하는 틸데. 상자가 방금 성탄절에 도착했다. 그렇지만, 마침 룬첸이 와 있어서, 지금 풀어 봐요, 라고 내가 그녀에게 말했단다. 네가 보았으면 좋았을 텐데. 룬첸이 얼마나 능숙하게 못 하나하나를 뽑아내는지. 집게도 없이 말이다. 모든 걸 부엌칼로 하더구나. 못을 다 뽑은 후에 난 룬첸에게 그중 상자 하나를 선물했다. 작년 크리스마스 때 페터만이 그녀에게 커다란 슈타인플라스터를 주었던 게 생각났거든. 그런데 그다지 만족하지 않는 걸 보고 나는 '그럼, 룬첸. 다 먹고 나면 훈제 햄의 다리뼈도 가져요.'라고 말했단다. 그제야 고마워하더구나. 난 울리케도 알지만, 그 사람들은 고기를 좋아하잖니. 하기야, 어디서 그런 돈이 생기겠니. 무엇보다 내가 매우 기뻤다는 말을 해야겠다. 사랑을 볼 수 있어서, 게다가 네가 그럴 형편이 되고, 너희가 분명히 그럴 여유가 있다는 걸 알게 되어 기뻤다. 틸데, 바로 그게 중요하지. 그러니까 예금통장은 이젠 끝났어, 생활비가 너무 많이 들기 때문이야. 내 생각에는, 근근이 생활하더라도 무슨 뾰족한 수가 있겠니. 양로원 신세는 지고 싶지 않구나. 말해보렴, 틸데. 너는 어떻게 지내니? 단지 불안하고 걱정이 되는구나, 앞으로 어떻게 될지는 아무도 모르는 것이니까. 좋은 게 좋은 거지. 미망인 연금에 관해서는 내게 아직 편지를 쓰지 않았지. 슈메디케가 얼마 전에 '원하든 아니든 가입해야 할 텐데.'라고 하더구나. 너의 상황이 확실하다는 말을 들으면 얼마나 좋을까. 난 항상 확실한 걸 좋아하잖니. 계획은 인간이 하지만, 그 방향을 돌리는 건 신이고, 오늘 홍안이 내일 백골이 되는 법이니까. 그동안 그는 혈색이 좋았고, 그게 내 마음에 들지 않았다. 룬첸도 말하더라. '절 믿으세요, 뫼링 부인. 그건 그분 안에 자리잡고 있어요.' 그럼, 사랑하는 네 남편에게 인사와 새해 복 많이 받으라고 전해 다오. 그는 그럴 만큼 노력했고, 곧 보답을 받을 거다. 이젠 마음이 놓이는구나. 돈이 많이 나가긴 했지만, 해가 되진 않겠지. 난 기꺼이 주었고, 얼마 전에 슈메디케도 말했어. '이자만 잘 받으면, 재산이 얼마 있든 중요한 게 아니다.'라고.

너를 사랑하는 어머니가.

아델레 뫼링, 결혼 전 프린츠

"게다가 '프린츠'까지 쓰다니. 무슨 생각을 하는지. 게다가 내용도 그렇고! 마치 나를 위해 자신이 희생하고 자신의 예금통장으로 내게 행운을 만들어준 것처럼 말이야. 예금통장은 원래 내 것이었는데. 그래, 어머니는 항상 그러셨지. 자기 식대로 좋게 말했지, 자신에 대해, 그리고 나에 대해. 내가 마음대로 할 수 있도록 한 건 좋은 일이었지만 말이야. 하소연만 하는 노인이야. 하지만, 같이 살 수는 있었는데. '오늘 발그레한 얼굴이 내일은 백골이라.' 하필 그런 말을 쓰다니…… 후고의 상태가 마음에 들지 않아. 그리고 의사가 말한 '어느 정도'라는 말도. 그를 잃고 싶지 않은데. 그는 착하고, 내게 지위를 주었어. 그가 없었다면, 내가 그런 일을 했더라도 제대로 되지 않았을 거야. 그를 잃기는 싫어. 모든 것이 두 가지 측면이 있다니 정말 기묘한 일이야. 지금 광장의 가판대를 보니, 지금 관리 약사가 거울을 들여다보네, 자신이 아름답다고 생각하겠지. 난 모르겠어. 더 아름다운 건 그때가 아닐까, 내가 전철을 건너다보고 볼레[162] 마차가 온 거리에 종을 울릴 때…… 그래, 어머니는 '계획은 인간이 하지만, 그 방향을 돌리는 건 신이다.'라고 쓰셨어. 항상 그런 새로운 말을 하지. 그렇지만, 맞아, 난 신의 결정을 기다릴 수밖에."

후고는 회복되었다. 그는 2월 말, 따뜻한 2월 햇볕이 내리쬐는 정원의 포도나무 울타리 앞에 앉아 있었다. 틸데는 그의 곁에 앉아서 신문을 읽어 주었다. 그날은 비스마르크가 실각한 날이었다. 후고는 단어 하나하나를 되씹으며 깊은 관심을 보였지만, 어느 편도 들지 않았다. "아마도 둘 다 옳겠지." 틸데가 웃었다. "그래요, 후고, 그게 바로 당신이에요. 둘 다 옳다니, 난 한 사람 쪽이에요." 울타리 너머로 정원에서 일하던 이웃들이 인사를 했고, 그의 안부를 물어왔다. 비록 짧은 시간 동안이었지만, 그는 매우 사랑받았고, 그가 회복된 것을 모두가 기뻐했다. 주의원 부인이 직접 와서는 "정말 내게 책임이 있다. 후고는 빙판에서 동풍을 많이 쐬었다."라고 자책했다. 늙은 백작은 자신의 농장에서 커다란 멜론을 멋진 인사말과 조언을 적은 쪽지와 함께 보내왔다. 베

---

162 카를 볼레Karl Bolle는 1881년 처음으로 우유와 유제품을 베를린의 가정에 파는 3대의 마차를 운영해서 큰 성공을 거두었다. 1882년에는 베를린에만 56대의 우유 마차가 다녔다고 한다.

클린으로는 그 주 내내 병에 대해서는 아무런 소식도 보내지 않았다. 틸데는 노인의 탄식을 듣고 싶지 않았고, 그가 회복된 이 시점에도 이미 지나가고 고되었던 근심에 대해서는 한마디도 하지 않았다. 아마도 그녀가 회복을 미심쩍게 생각했기 때문에 그것을 생략했는지도 모르겠다. 곧 이러한 안도감이 너무 이른 것임이 드러났기 때문이다.

어느 날, 후고가 다시 햇볕 아래에 앉았을 때, 갑자기 날씨가 바뀌었고, 서리가 내리면서 의사가 오기도 전에 병이 재발했음이 분명해졌다. 병이 급속도로 진행되면서 급성 폐결핵의 증세를 보였고, 오순절 두 번째 날 저녁, 후고는 틸데를 침대로 불러 그녀의 능력과 사랑, 보살핌에 대해 감사한 후에 죽었다. 이것은 진심이었는데, 일찍이 가졌던 의구심은 완전히 사라졌고, 그는 틸데에게서 근면하고 강한 기질 외에 다른 것은 보지 않았다. 그녀의 이런 기질이 그의 인생을 결정했고, 그 능력과 용의주도함으로 미미한 것, 지금의 자신을 만들어 낸 것이다.

세 번째 오순절 날, 황혼 무렵 후고는 볼텐슈타인 교회 묘지에 묻혔다. 모두 참석했다. 노백작은 모든 것을 의사의 탓으로 돌렸고, 그는 이 사실을 이미 신년 초에 알았다고 말했다. 마침 부활절 휴가여서 주의원도 자신의 담당 지역에 있었고, 근방에서 온 귀족들과 유대교인을 포함한 시민들도 왔다. 그리고 우연히 새로 봄 외투를 맞춘 관리 약사도 빠지지 않았다. 모든 관악기가 울려 퍼졌고, 노백작이 꽤 큰 소리로 대화하고 있었다. 볼덴슈타인의 꽃들이 무덤 위에 놓였다. 성직자는 틸데를 그녀의 집까지 동행했고, 늙은 백작이 '헤어초크 카시미르'에서 헤르벤 웅가르[163] 한 병을 따는 동안, 틸데는 계단참에 앉아서 어둑어둑해지는 광장을 바라보았다. 광장에는 서풍이 갈색의 포도 잎들을 날려 보내고 있었다. 잠시 후, 쇠사슬에 매달려 있는 가로등에 불이 켜졌고, 계단이 이어지는 시청 건물의 그늘에는 연인 한 쌍이 서 있었다. 그들은 점점 세지는 바람에도 아랑곳하지 않았고, 가로등이 이리저리 움직이고 쇠사슬에서 삐걱거리는 소리가 났다. 틸데가 삼십 분 정도 이 모든 것을 바라보았고, 등불을 켜고 어머니에게 몇 줄 쓰기 위해 책상에 앉았다.

"사랑하는 어머니. 오늘 저녁 무렵에 우리는 후고의 장례를 치렀어요. 장례식은 매우 아름답고 장엄했어요. 모두 참석했어요, 물론 근처의 귀족들도요. 렘멜 목사님이 말씀을 해주셨어요. 그 말씀은 인쇄될 것이고, 이곳에서 우리에게 (그때쯤이면 전 베를린에 있을 테니까요) 보내질 거예요. 곧 말씀드리겠지만, 비용은 없어요, 인쇄비도요. 어머니는 매우 불안하시겠지요. 그렇지만, 진지하게 부탁드리는데, 그런 불안으로 절 괴롭히지는 마세요. 전 이

---

163 헝가리의 유명한 와인.

곳에서도 어머니를 보살펴드렸고, 앞으로도 계속 보살필 겁니다. 어머니는 항상 비참하게 바닥으로 떨어지는 걸 생각하지만, 이 털데가 있는 한, 어머니는 생계 수단이 있어요. 그건 확실해요. 전 연말까지 월급을 받고 미망인을 위한 연금은 4월 1일부터 받을 거예요. 아마, 이제 한시름 놓으셨겠지요. 어머니는 양로원에 가지 않을 것이고, 나이든 룬첸처럼 청소를 하거나 먹거리를 사러 가지 않아도 된다는 걸 아신다면, (그래서 이렇게 전부 미리 말씀드리는 겁니다) 제 말에 귀를 기울이시겠죠. 후고는 행복하게 죽었어요. 아주 훌륭한 신사답게, 물론 그가 생전에 그러했던 것처럼. 그는 좋은 집안 출신이고, 그건 항상 중요한 문제지요. 그는 제게 고마워했답니다. 마치 제가 놀라운 어떤 존재인 양. 이건 그가 고상한 뭔가가 있는 사람이기 때문이에요. 그리고 어머니께도 인사 전해달라고 했어요. 허약한 것이 그의 잘못은 아니지요. 그의 뜻대로였다면, 그는 강할 수 있었을 텐데. 이곳의 사람들은 모두 그를 매우 존경했고, 모두 그가 선량하다는 것을 알았기 때문에, 제가 전에 말씀드린 질버슈타인까지도 그의 무덤에서 고별사를 했답니다. 렘멜 목사님도 만족해서 그에게 악수를 청했답니다. 질버슈타인, 질버슈타인과 이젠탈 회사도 모든 걸 신경 써 줄 거예요. 매우 현실적이고, 진보적인 사람들이에요. 물건에서 나온 이익은 헬러와 페니히로 받을 거예요. 전 며칠 동안 이곳에서 처리할 일과 쓸 편지가 있어요. 노 백작에게도 편지를 써야 하는데, 그는 제게 자신의 집 가사 관리인 자리를 (물론 보수를 받는) 권했답니다. 그렇지만, 모든 일이 삼사일 안에 끝날 것이고, 늦어도 일요일 아침에는 베를린에 도착할 수 있으리라 생각되는군요. 그전에 카드를 쓸게요. 그래야 안심하시고, 룬첸을 제때 부르실 수 있을 테니까요. 그의 기념품을 가져갈게요. 작은 십자가인데, 진주가 박혀 있는 거예요. 그 진주는 값어치가 있는 거예요. 어머니를 다시 뵐 수 있어 기쁘군요. 물론 그 계기가 슬프긴 하지만요. 연금은 봉급에는 미치지 못해요. 그 말씀은 드려야겠군요. 전 아무래도 상관없어요. 우린 어떻게든 꾸려나갈 거예요.

당신의 충실한 딸 틸데"

16장

일요일 아침 일찍 틸데가 여덟 시 기차로 프리드리히가(街) 역에 도착했다. 그녀는 들고 온 작은 손가방을 짐표와 함께 짐꾼에게 주며, 건너편 슐체 씨 댁 3층으로 가져다 달라고 했다. "네, 미스." 그러나 그는 오래전부터 이웃이었던 틸데를 잘 알고 있었기 때문에, 재빨리 말투를 고치고, 반시간 내에 가져다주겠노라고 약속했다. 그녀가 가자, 그는 잠시 그녀 뒤를 쳐다보았다. "돈으로 할 수 없는 게 뭘까. 싹 바뀌었네. 말쑥하게 차려입고, 생기도 있고 망원경까지." 관찰당하는 동안 틸데는 제방 도로 위를 걸어서 집, 그리고 3층을 올려다보았다. 아무것도 변한 게 없었다. 그런데 모든 것이 그녀에게는 달라 보였다. 이상한 느낌이 들었다. 그녀는 중얼거렸다. "지금 이대로 기뻐해야 해. 더 나쁠 수도 있잖아. 2년 전은 어떠했지. 그때 난 모든 걸 스스로 해야만 했었지." 그녀는 길거리의 오른편으로 가서 혹 창가에 노모가 보이는지, 창을 올려다보았다. 그러나, 아무것도 보이지 않았고, 다른 층도 마찬가지였다. 모든 창에 차양이 내려져 있었다. 관찰당하고 있지 않다는 것이 마음에 들었지만, 주목받지 않은 것은 아니었다. 틸데가 제방을 걷는 동안 아침 식사를 하러 일어나서, 현관문의 렌즈 구멍을 바로 하던 재정고문관 부인은 "당신 또 신문이나 보고 있어요? 저런 건 매일 볼 수 있는 게 아닌데. 그냥 검은 장갑을 끼고, 마치 드레스덴이나 스위스 국경으로 여행을 가는 것처럼 보이잖아. 트렌치코트에 망원경이라니. 알프스 지팡이만 빠졌군.[164]" — "당신은 항상 말할 거리가 있군, 루이제. 상중을 알리는 긴 깃발을 갖고 도착했다면, 그것도 그리 어울리는 건 아니잖아."

틸데는 천천히 계단을 올라갔고, 오를수록 속도가 더 느려졌다. 노인과 마주쳐서 놀랐기 때문이다. 계단 마지막 참에 룬첸이 서 있었고, 그녀에게서 아무것도 받아줄 것이 없어서 우산만 받아주었다. "안녕, 룬첸, 어떻게 지내요?" — "아니, 시장부인, 어떻게 지내다니요." 대화가 이어지기도 전

164 19세기 말까지 레인코트, 산책용 지팡이는 남성의 전유물이었다.

에 그들은 다 올라왔고, 틸데는 일요일 외출복 차림으로 열린 문간에 서서 금방이라도 울 것처럼 보이는 어머니에게로 달려갔다.

"어머니, 제발 울기부터 하지 마세요. 누구나 죽기 마련이에요."

"그래, 단지 누구는 일찍 가고, 누구는 늦게 갈 뿐이지. 내 차례가 되면."

그런 말을 하면서, 그녀는 복도에서 현관을 지나, 소파 앞에 커피와 빵, 버터가 마련된 거실로 들어갔다.

"자, 이리 오렴, 틸데. 따뜻한 차를 마시자. 그리고 얘길 해 다오. 어땠는지."

"네, 어머니, 금방요. 먼저 손을 좀 씻어야겠어요. 머리도 엉망이고요. 바람을 맞았는데, 막고 싶지는 않았거든요." 그러면서 틸데는 다시 일어나서, 모자와 망원경을 옆에다 놓고, 외투를 현관 옷걸이에 걸었다. 그런 후 다시 돌아와서 말했다. "자, 어머니, 따라주세요. 매우 추운 날씨였어요. 외투도 소용없더군요."

"난 네가 머플러를 할 줄 알았는데. 아니, 그런데, 넌 상복을 입지 않았니? 물론 슬픔은 마음속에 있겠지만, 사람들 때문에 말이야. 그들은 너를 점잖게 대했잖니."

"네, 어머니. 물론 상복을 입었어요. 질버슈타인이 모든 걸 마련해주었고, 모든 걸 창고에 갖고 있더군요. 전 온통 검게 입었어요. 검은 리본에 미망인 모자에, 모든 걸 관습대로 했어요. 그렇지만, 여행 채비를 하면서 모든 걸 여행 가방에 넣었어요. 물건이 오면 보시게 될 거예요."

"오는 중에는 그렇게 하고 싶지 않았구나."

"네. 오는 중에도 그렇고 상복 차림으로 도착하고 싶지도 않았어요. 그건 너무 위험해 보이거든요. 대다수가 그걸 믿어주지 않아요. 그리고 상복이 너무 많다고 성가시게 구는 것도 보았거든요.

"그러면 그걸 그냥 둘 거니. 얼룩이 생길 텐데. 질버슈타인도 거저 얻은 건 아닐 텐데."

"전 그걸 입지 않을 거예요. 사람들은 상복을 너무 멋있게 만들기도 해요. 제가 상복을 입고 싶지 않다고 해도, 중요한 손님이 오면, 당연히 입겠죠. 연금을 받으니까, 그래야 하는 거죠."

"아니, 틸데, 네가 지금 말을 하니까 말인데. 난 말하려 하지 않았다. 밤새 난 되뇌었다. '그것에 대해선 말하지 말자. 틸데가 좋아하지 않을 거야. 틸데는 항상 대단한 아이였고, 지금도 괜찮아.' 그렇지만, 네가 먼저 얘길 꺼내다니, 말해보렴, 앞으로 어떻게 될지. 그건 아주 끔찍한 병이었잖니."

"네, 그랬어요, 어머니. 항상 가슴이 답답하고 호흡 곤란이 왔어요."

"아, 그래, 답답한 거. 그런데 내 말은 그게 아니라, 그렇게 오래 끈 것 말이다."

"네, 석 달 정도예요……"

"작은 도시 한구석에라도 의사가 있었다면, 기간도 부담되지. 결국엔 문제가 되는 거야. 그리고 약도. 어느 정도 회복되면, 약은 더 세지는 법이지. 그렇지만, 대부분 도움도 되지 못하고, 헛일이 되어버려."

틸데는 각설탕 하나를 집어 두 번 조각내고서, 그녀 앞에 놓인 작은 네 개의 조각을 바라보았다. 이 작은 덩어리에 다시 그녀의 인생이 놓여 있다. 그리고 아직 불쌍한 그 사람에 대해서는 한마디도 하지 않고 치른 대가를 다시 계산하고 있는 어머니를 보았다. 그렇게 냉정한 것은 그녀에게 너무 벅찬 것이었다. 그래서 노모의 손을 잡고, "어머니, 룬첸에게도 커피를 내주세요. 아마 아무것도 먹지 않았을 거예요. 룬첸은 정말 가난해요. 전 다른 방으로 가서 잠시 쉴게요. 잠이 올지 모르겠어요. 전 잠이 모자라는 것 같아요."

그녀는 잠이 들 생각은 없었다. 단지 혼자 있고 싶었고, 잠시 다른 생각을 하고 싶었을 뿐이다. 그녀는 왔다 갔다 했다. 여기 책상 위에는 법률책들이 먼지에 덮여 흩어져 있었고, 저기 소파에는 작은 책들이 높이 쌓여 있었다. 언제든 여백에 메모할 수 있게끔 볼펜 몇 개가 그 옆에 있었다. 그리고 저기에는 감상적인 기분으로 기대어 서서 그들의 약혼을 축하하던 창이 있다. 그때 그는 완전히 낫지 않은 상태에서, 당황하였고 감상적이었고, 그녀는 냉정하였고, 계산적이었다. "난 항상 내가 그보다 낫다고 생각했어. 그런데 그게 아니었어. 계속 셈을 하는 것이 영리한 거라면, 어머니가 가장 똑똑한 여자겠지. 후고가 속한 부류는 뭔가 더 많이 가지고 있어. 난 거기서 조금이라도 배우려고 노력할 거야. 아마 많은 도움은 되지 않겠지. 난 천성적으로 어머니처럼 얼마가 드는지 항상 계산하고, 얻어낼 이익을 계산하지. 난 설탕 네 조각을 상자에 넣어 여기 열린 서랍 안에 둘 거야. 그걸 항상 눈앞에 두고 거기서 배울 거야. 아주 작은 일이 다시 시작되고, 어머니가 다시 울먹이기 시작해도 조바심을 내지 않을 거야. 난 내가 그를 그렇게 만든 것이 놀라운 일이라고 생각했지. 그런데, 지금은 그가 나에게 끼친 영향이 내가 그에게 미친 것보다 더 크다는 것을 알게 되었어. 계속 계산은 하겠지, 그렇지만 그건 할 수 없는 일이니까, 하지만 지나치게는 하지 않을 거야. 난 친절해, 그리고 룬첸도 돌볼 거야. 룬첸이 그 사람에게는 유일하게 역겨운 사람이었으니까. 그가 본다면, 내게 감사할 거야. 그렇지만, 그는 그걸 보지 못하겠지."

그러고는 그녀는 이리저리 왔다 갔다 하면서 창가로 갔다. 그때 달이 있었던 곳에는 흐린 구름이 걸려 있었다.

그러나 그녀가 눈을 들어 그곳을 응시하자, 구름이 걷히면서, 해가 달 가장자리에 황금빛을 만들었다. "아마, 이게 나의 미래겠지."

그리고는 그녀는 현관문에서 트렌치코트를 가지고 와서 덮고는 벽과 천정의 그림자들을 바라보다가 잠이 들었다.

17장

어릴 때부터 틸데의 특이한 점 중의 하나는 적응을 잘한다는 것이었다. 매번 주어진 상황에 스스로 적응하는 것. 만약 후고가 살아서 관직에 있고, 볼텐슈타인의 임기가 길어져 (예상할 수는 없지만, 그렇다고 불가능한 것도 아니다) 자신의 능력이 입증되어 지방 소도시의 시장으로 선출되었다면, 그 아내도 주 장관을 방문하거나, 황제의 사열식에도 능숙하게 참석하거나, 하여간 완벽하게 당당한 안주인 노릇을 했을 것이다. 짧은 성과의 순간이 지나고 자신이 출발했던 단계로 다시 밀려난 지금에도 그녀는 오래 생각하지 않고 상황에 적응했고, 그러니까 별 불평 없이 예전의 생활로 돌아갔다. 사정은 이러저러하니 그 때문에 이렇게 다루어져야 한다. 쓸데없는 생각은 말아야 한다. 그녀는 상황을 뒤집는 것을 한순간도 생각해 본 적이 없었다. 단지 이미 주어진 상황에서 최선을 만들어 내는 것만이 그녀의 관심거리였다. 그리고 그녀는 이것을 심사숙고했고 자신의 방식대로 조심스럽게, 그리고 단호하게 해나갔다. 가능한 범위에서 그녀는 끊임없이 작은 선행을 하고 신경을 썼고, 노모를 위해 이전과 마찬가지로 알코브[165] 같은 작은 침실을 같이 썼다. 그렇지만 온종일 빈민구호소나, 그 비슷한 것에서 맴도는 대화를 듣거나 볼덴슈타인의 내밀한 생활에 관한 질문에는 더 대답할 마음이 없었다. 그래서 온종일 혼자 있어야만 했다는 등, 단지 대략적으로만 설명했다. "세를 주는 건 이제 관두어야겠어요." 그래서 그녀는 "다른 방"을 정리했고, 노인은 틸데가 무언가를 많이 쓰고, 그녀가 책들과 카드 속에 묻혀 있는 것을 보았다. 그녀가 식사하러 오면, (룬첸이 식사를 가져와야만 했는데) 공부를 많이 해서 볼이 발개져 있었다. 노모는 틸데가 무엇을 하려는지 짐작할 수 있었다.

노모는 짐작할 수 있었고, 반대할 생각도 없었다. 틸데는 항상 무언가를 배우는 편이었다. 그러나 노모가 반대하지도 않고, 이미 뫼링이 죽기 전에, 교장이 틸데의 재능에 대해 칭찬한 것에 대해서도 잘 기억하고 있었지만, 노모는 "선

---

165 침대를 놓기 위해 벽을 움푹 들어가게 만든 건축 양식.

생"이란 그다지 옳은 직업이 아니라는 선입관을 갖고 있었다. 그래서 비록 소질이 미심쩍다 하더라도 다른 취직자리가 더 낫다고 생각했다. 낮에는 그런 생각을 제대로 표현할 수 없었지만, 잠자리에서 한참을 조용히 누워 있다가, 노모가 일어나더니 열린 문을 통해 길거리에서 들어오는 희미한 불빛을 받으며 말했다. "틸데, 벌써 자니?"

"아뇨, 어머니. 하지만, 잠이 들려고 했어요. 뭐 필요한 거라도 있으세요?"

"아니다, 틸데, 필요한 건 없어. 난 단지 네가 너무 열심히 공부해서, 걱정되는구나. 너무 여위어 보이고, 안색도 좋지 않고. 후고도 현기증이 있었잖니. 그리고 결국에는……"

"네?"

"결국에는 가능했을 텐데. 만약 그래야 한다면, 신선한 공기가 최고지……"

"물론이에요, 신선한 공기는 항상 좋아요. 그렇지만, 신선한 공기를 어디서 쐬겠어요? 이곳은 공기가 좋지 않고, 어머니의 관절염만 아니라면……"

"아니다, 틸데, 창을 열어두는 것은 소용이 없지. 그렇지만, 넌 공기를 쐴 수 있잖니."

"제가요? 어디서요?"

"그래, 틸데. 네가 편지에도 썼다시피, 그러니까 그 사람이 죽었을 때 말이다. 그때 넌 월급 받는 '가사 관리인'에 대해 말했었잖니. 월급이 적지도 않을 테고. 네가 쓴 대로 그렇게 부자라면 말이다. 나이가 많기도 하고. 그래, 그곳은 신선한 공기도 있고, 편하게 지낼 수 있었을 텐데. 난 아무 말 않겠다, 하지만 우리가 지금 가진 건 아무런 힘이 없어. 그 사람은 나이도 많고, 네가 잘 돌봐주기만 한다면, 넌 분명 잘했을 거다. 넌 모든 사람을 동정하니까, 그리고 나한테도 말이다. 넌 착하니까, 틸데, 그래, 틸데야, 그랬다면 우리는 뭔가는 가지고 있을 텐데. 그렇게 부자인 사람은 나나, 너한테 아무것도 남기지 않고 죽지는 않을 거야. 그리고 결국에는 그는…… 그 사람은 가톨릭이니?"

"물론 가톨릭이에요."

"그래, 그럼 안 되겠구나."

"아니, 그건 문제가 되지 않아요. 그런데, 도대체 무슨 생각을 하시는 거예요? 볼덴슈타인에 대해서는 말하고 싶지 않아요. 그리고, 이곳 사람들은요? 그들이 뭐라고 하겠어요? '아주 급했나 보군.' 그리고 그 늙은 독사 이빨, 페터만 부인도 '그거 재미있는 이야기인데.'라고 하겠죠."

"아니, 틸데, 그 사람들 때문에 행운을 걷어찰 필요는 없다. 그런 말들은 하기 마련이란다. 가진 게 있으면, 그건 지나가기 마련이야. 그렇지만, 가진 게 없으면……"

"그래요, 어머니. 이젠 그만 주무세요."

노모의 소망은 틸데가 다시 결혼해야 한다는 쪽으로 기울었다. 후고는 잘생긴 남자였고, 좋은 집안 출신이었다. 가난한 처녀였을 때 후고와 결혼할 수 있었다면, 이제 틸데는 누구와도 결혼할 수 있는 것이다. 이젠 직위도 있고, 외출하면, 젊은 미망인이었다. 상복은 그녀에게 잘 어울렸고, 긴 베일을 쓰고 교육위원회로 갈 때면, 사람들의 시선은 그녀를 뒤따랐다. 그리고 틸데가 "미망인 모자, 그건 지나쳐요. 너무 과한 애도도 안 돼요. 그건 예법에 어긋나는 거예요."라고 말했기 때문에 노모는 슬펐다.

물론 틸데는 재혼을 해야 할 것이다. 하지만, 틸데가 이것을 완강히 거부하고 정말 선생님이 되려고 하는 것을 알고 노모는 다른 계획을 생각해냈다. 노모는 지난번 늙은 백작과 놓쳐버린 행운에 관한 대화 이후에 시간이 어느 정도 흐른 후에 다시금 밤에 이야기를 꺼냈다. 이번에는 산소가 부족한 작은 침실이 아닌, 그 앞방에서였다. 노모는 꼿꼿이 소파에 앉아 있었고, 틸데는 긴 의자에 기대어 있었다.

"틸데, 넌 오늘 또 그곳에 갔었니. 언제쯤 끝날 것 같으니?"

"자격시험이랑, 취직 문제 말인가요. 그러니까 제가 언제 첫 월급을 타느냐고요?"

"그래, 얘야, 그것 말이다. 넌 항상 그 얘기는 듣지 않으려 하는구나. 그렇지만, 그게 가장 확실한 길인데."

"다른 것도 확실해요."

"그러니? 그랬으면 좋겠구나. 학교에 관한 것이 그렇게 확실하다면, 그게 제일 중요하겠지. 네가 항상 얘기했으니까. 오래전부터 묻고 싶었다만, 네 미망인 칭호를 떼버리고, 처녀 때 성을 다시 붙이는 게 어떨까? 사람들은 많이들 다른 성으로 세례도 받는데, 단지 옛날 성이 다시 맨 앞으로 오는 것뿐이야."

틸데는 고개를 흔들었다. 기분이 상했다는 것이 눈에 보였다. 그렇지만, 노모는 오랫동안 재혼을 계획했고, '미망인'에 대해서 누누이 말했기 때문에, 이번에는 좀 다른 조언을 하면서 그녀의 새로운 계획을 포기하고 싶지 않았다. 그래서 계속해서 "내 생각에는 네가 차라리, 그렇게 했으면…… 그러니까, 아주 짧은 시간이었고, 이미 지난 일 인양 하면 어떤가 싶다……"라고 말했다.

"무슨 말인지 알아요……"

"틸데, 아무 일도 없었던 것처럼 받아들이려무나. 네가 미망인으로 덕 볼 것은 아무것도 없을 것 같다. 미스가 더 낯익은 것 같고……"

틸데는 일어나서 볼덴슈타인에서 가져온 쿠션을 등에 갖다 댔다. "네, 어머니, 도대체 무슨 말을 하려는 거예요? 이건 마치 사기, 횡령, 거짓말 같은 거예요."

"맙소사, 그런 말은 하지 마라, 얘야."

"네, 그건 사실을 왜곡하는 범죄행위예요."

"아니, 이런"

"제가 여러 번 말했었죠. 그렇게 절 계속 닦달하면서 모든 걸 알려고 하면, 그건 옳은 것도 아니고, 단지 불쌍한 후고를 마음에 들어 하지 않는다는 것 때문이지요 — 자, 이미 말씀드렸듯이, 물론 그건 별 특별한 일은 아니었어요. 이런 말은 하지 않는 것이 더 나았겠지만요, 왜냐하면, 모든 말들은 단지 오해받을 뿐이니까요. 그리고 지금은 어머니도 다른 사람들과 같아요. 그렇지만, 어머니의 생각은 모두 다 틀렸어요. 난 후고가 차라리 결혼하지 말았어야 했다는 생각까지 들어요. 수염 때문에 강하게 보였지만, 그는 몸이 약했죠. 결혼은 그에게 해가 되었다고 전 확신해요. 그런데, 아무 일도 없었다는 듯이 하라고요. 아니, 그건 창피하고 배은망덕한 짓이에요. 그런 말을 그의 죽음 앞에서 해야 한다면요. 뫼링 아가씨라! 도대체 무슨 생각을 하시는 거예요? 전 아가씨도 아니고 결혼했던 여자로서, 그리고 미망인으로서 긍지를 갖고 있어요. 비록 그와의 사랑의 증거를 품고 있지 않아도요."

"맙소사, 틸데, 그런 말 하지 마라."

"네, 사람들은 그렇게 말해요, 어머니, 그게 맞는 말이에요. 그런데 이렇게 된 건 단지 우연일 뿐이에요……"

"그러니?"

"물론이에요. 그런데 저도 어느새 어머니가 요람 속의 아이를 어를 수 있다면 특히 어머니한테 좋고 특별했으리라 생각해요. 물론, 재정고문관이 바로 우리 아래층에서 잠자고 있으니까, 사람을 보내 우리더러 너무 심하게 요람을 흔들지 말라고 하겠죠. 그들은 3층은 아무것도 아니라고 생각하니까요."

"알겠다, 가난한 사람은……"

"……모든 걸 체념해야 하죠."

"……아이를 어르지도 못한다니. 사람들은 너무 나쁘구나. 난 그걸 겪지도 않을 거지만."

이때는 국가고시 전이었다. 틸데는 우수한 성적으로 시험에 합격했다. 이는 당시 후고의 성적보다 더 뛰어난 것이었다. 그날 틸데는 일자리가 있고, 그 자리를 줄 수 있어서 기쁘다는 얘기를 들었다. 10월 1일 그녀는 출근했다, 그것은 노아비트와 테겔 사이의 북베를린이었다. 그녀는 씩씩하게 일을 시작했고, 혈색은 전보다 더 생기 있었다. 볼덴슈타인에서 베를린으로 돌아오던 날처럼 입었지만, 망원경은 없었다. 그녀는 자신에 대한 교육위원회의 신뢰가 정당했음을 보여주었다.

그녀는 매일 아침 전철을 타고 나갔다. 돌아오는 길을 걸

으면서, 항상 어머니를 위해 뭔가를 샀다. 크란츠쿠헨,[166] 제라늄, 혹은 씨를 뺀 건 자두 한 봉지를 샀다. 오라니엔부르그 토어[167] 시장에서 가끔 토끼 간을 샀다. 왜냐하면, 노모가 토끼 간을 제일 좋아한다는 것을 알고 있었기 때문이다. 그러면 노모는 "아이, 틸데, 네가 없었더라면." 하고 말했다.

"그만두세요, 우린 돈이 있어요."

"그래, 정말이구나. 이렇게 지낼 수만 있다면."

"그럴 거예요."

후고 그로스만은 드물게 언급되었다. 그러나 그의 사진은 검은 테를 두른 채 긴 의자 위에 걸려 있었다. 일 년에 두 번 볼덴슈타인으로 화환을 보냈다. 질버슈타인은 화환을 내려놓았고, 매번 편지로 친절하게 몇 줄의 답장을 보내왔다. 레베카는 결혼했다.

---

166 쉴레지엔 지방의 과자.

167 현재 베를린-미테 구.

테오도어 폰타네의 《마틸데 뫼링》

진일상

1819년 독일 브란덴부르크주의 작은 도시, 노이루핀 Neuruppin에서 태어난 테오도어 폰타네가 작가로서 첫 소설을 발표한 것은 57세라는 늦은 나이였다. 전업 작가로 창작에만 전념하기까지, 그는 종군기자, 저널리스트, 여행작가, 연극평론가 등 다양한 활동을 거쳤다. 요약하자면, 테오도어 폰타네는 19세기 후반 프로이센이 수차례의 전쟁을 통해 독일제국을 건설하고, 유럽의 강대국으로 부상하던 시기를 직접 체험하고 이를 문학적으로 재현한 독일의 작가이다. 이 시기에 독일은 농업 국가에서 산업국가로 변모했고, 도시로 몰려든 시민계급의 분화도 당연한 결과였다. 작가는 이러한 시대 사회적인 변화의 중심에서 다양한 사람들의 삶을 관찰하고 보고한다. 따라서 폰타네의 본령은 '사회소설'이다.

이 소설도 다르지 않다. 이 소설의 주인공은 시민계층과

프롤레타리아 사이의 소시민 계층, 마틸데 뫼링이다. 그녀는 일찍 아버지를 여의고 어머니와 함께 대학생에게 방을 세주면서 생계를 꾸려가고 있다. 그녀가 생각할 수 있는 유일한 신분 상승의 길은 결혼이다. 그러나 지참금도 없고, 옆얼굴의 완벽한 선 외에는 보여줄 것이 없는 그녀가 성공적인 결혼을 할 기회는 그리 크지 않다. 다행인지 불행인지 그녀에게는 영리함과 상황에 적응하는 능력, 즉 험난한 세상을 헤쳐나갈 수 있는 내면의 무기가 있다.

여기에 잘생긴 대학 졸업생, 법관 지망생 후고가 등장한다. 시장의 아들로, 넓은 어깨와 멋진 수염을 가진 후고의 본질은 곧 마틸데에게 간파당하고 만다. 그는 편안하고 즐겁게 사는 것, 행복만을 추구하는 미성숙한 남자일 뿐이다. 후고의 미성숙함과 유약함은 홍역이라는 질병으로 표면화되고, 홍역은 서로 어울리지 않는 두 사람을 이어주는 매개체가 된다.

이 소설의 등장인물 중 누구 하나 완벽하거나 모범적인 사람은 없다. 투기 붐을 타고 한몫 잡은 집주인 슐체의 천박한 자본주의, 모든 것을 계산하며 살아가는 뫼링네, 삶의 소명의식을 상실한 채, 안락함과 자기만족만을 추구하는 후고와 리빈스키, 억센 생존본능만 있는 룬첸, 뒤에서 입방아를 찧는 주변 사람들 모두가 팍팍한 산업사회의 대도시 베를린의 이면을 보여준다.

이 소설에서 세기말 독일의 정치, 사회적인 변화도 읽어낼 수 있다. 소설의 배경은 1888년부터 1890년 사이로, 특히 1888년은 빌헬름 1세의 사망과 뒤를 이은 프리드리히 3세의 99일간의 재위와 사망, 그리고 젊은 빌헬름 2세로 이어지는 '세 황제의 시기'로 일컬어진다. 이때 빌헬름 1세 시기에 독일제국을 건설하고 강력한 권력을 행사하던 철혈 재상 비스마르크의 위치는 흔들리기 시작했고, 젊은 새 황제와의 갈등이 시작되었다. 변방의 소도시 볼덴슈타인에서 벌어지는 진보와 보수, 유대인 기업가와 토지 귀족, 가톨릭과 개신교, 유대교 간의 갈등, 그리고 비스마르크의 실각은 다가올 유럽대륙의 위기를 예견하는 듯하다. 종교 간의 화합과 관용을 상징하는 현자 나탄으로 칭송받기도 하는 후고는 너무나 빨리 시장직을 떠난다. "인간은 계획을 세우지만, 그 방향을 조정하는 것은 신이다."라는 노모의 암시적인 말은 결과적으로 마틸데를 겨냥한 것이 된다. 이 과정에서 끊임없이 상황에 적응하면서 변화하는 인물은 마틸데 뫼링이다. 그녀는 1년 반이라는 짧은 시간에 약혼과 결혼, 사별을 겪고 다시 베를린의 노모 곁으로 온다.

폰타네는 1891년 처음 구상한 이후 5년 이상을 이 소설의 작업에 매달렸다고 한다. "나의 문학 작업의 4분 3은 주로 수정작업과 정리"라고 한 작가는 4년 반 만에 수정작업에 착수하지만, 어떤 이유에서인지 그 작업은 중단되었고, 폰타네는 이 원고를 마무리하지 못하고 1898년에 사망한다. 이 소설은 시민계층을 위한 문예지 《가르텐라우베Gartenlaube》(1906)에 폰타네의 유고로 처음으로 공개되었고, 2008년에 작가의 육필원고를 바탕으로 새롭게 출판되었다.

이 소설은 《포겐풀스Poggenpuhls》, 《제니 트라이벨 부인Frau Jenny Treibel》과 함께 '베를린 소설'로 분류된다. 작가는 세기말 베를린의 모습이 눈앞에 그려질 수 있도록 기록하고 있다. 여기에는 베를린의 지명이나 문화생활을 짐작하게 하는 다양한 고유명사뿐만 아니라, 계층별 언어 사용도 포함된다. 베를린의 지명은 최대한 원어를 그대로 사용했고, 독자의 이해를 돕기 위해 각주를 달았다. 그러나 번역과정에서 베를린 방언과 사회 계층과 교육 수준이 드러나는 언어적인 특징은 불가피하게 배제되었다.

마틸데 뫼링은 폰타네의 작품에 나오는 다른 여성 인물과는 차별화된다. 작가는 왜 이 소설을 미완성으로 남겨두었을까? 자신의 인생을 스스로 설계하고 결정하고 그 결과를 담담하게 받아들이는 틸데가 그 시점에는 여전히 너무 앞서가는 인물이어서였을까? 나이든 폰타네는 여성의 역할이 확대되어가는 시대적인 변화를 감지하고 있었던 것일까? 마틸데 뫼링의 삶에서 우리는 무엇을 읽어낼 수 있는가? 삶에서 진정한 행복이란 무엇일까? 뫼링의 이야기는 자본의 힘에 종속된 삶을 살아가는 우리에게 주는 시사점이 있는가?

15장에서 마틸데는 폐렴으로 앓아누운 후고를 간호하던 중, 잠시 멈추고 주변을 관찰하는 시간을 갖는다. 시장 관사의 창가에서 그녀가 관찰하는 대상 중에는 시장님의 약을 지은 후 하릴없이 하품하는 약사가 있다. 테오도어 폰타네는 전업 작가가 되기 이전, 아버지의 뒤를 이어 약사 교육을 받고 약사로 근무했었고, 노이루핀의 생가 1층에는 뢰벤 약국이 자리하고 있다. 젊은 시절 약사 폰타네는 아마도 약국에서 지루해하면서, 자신의 소설에 소재가 될 사람들, 예를 들면 잠재적인 마틸데 뫼링을 관찰하고 있지 않았을까 추측해 본다.

문학사적으로 현실에 대한 객관적인 묘사를 시도하는 사실주의는 폰타네의 시기에 주류적인 흐름이었다. 그러나 문학도 결국 예술이어야 한다는 작가의 믿음은 문학은 현실의 예술적 변용이라는 자신만의 개념을 남겼다. 현실에 대한 객관적인 묘사가 가능한지, 폰타네가 생각하는 현실 묘사는 어떤 것인지, 그의 시선을 따라 세기말 베를린에서 마틸데 뫼링이 살아가는 모습을 들여다보자.